春夏秋冬理論《しゅんかしゅうとうりろん》

らせんの法則で人生を成功に導く

Theory of four seasons

來夢 著
神田昌典 監修

実業之日本社

まえがき

「成功する人」と「成功しない人」――。

この決定的な違い、またはそれを隔《へだ》てているものは何か？

能力や才能と答える人は多いだろう。しかし、私が多くのクライアントと接した中で、能力や才能が絶対的な差とは言えない。

そのほかでは、たとえば、ひらめきによって成功した人もいるし、寝る時間を削《けず》ってまで汗水をたらし、努力して成功を収めた人もいる。

ただ、才能、ひらめき、努力、経営戦略、交友関係……、それらをもってしても成功しない場合もあるし、たとえ、成功したとしても、それは一瞬の成功であり、継続的な成功に結びつくことは難しい。

では、成功者とそうでない者との違いは何か？

ひとつの答えは、「運」。成功している人は運を活かすのがうまいことは否定しない。

ただ、私は運というあやふやなものを、あやふやなままで成功哲学として取り扱いたくない。

そこで経営コンサルタントの私とアストロロジャーの來夢先生という、異なる分野から、成功者とそうでない人との違いに迫ってみた。

そして同じ結論にたどりついたのが、らせんの法則で人生を導く「春夏秋冬理論」である。継続的に成功する人には、見過ごされてきた共通のパターンがある。

もちろん学歴や資格ではない。また自己啓発本などに見られる、ポジティブシンキングや口癖でもない。確かにプラス思考や前向きな言葉を口に出すことは大切だが、プラス思考の人がみんな成功するわけではない。実は誰かがやった成功法則はヒントこそあれ、あなたが確実に成功する答えではないのである。

では、成功する人の行動パターンとは何だろうか？

事業チャンスを見つけて、立ち上げるのがうまい人を成功者と言うかもしれない。しかし、それだけでは本当の成功とはいえない。

経営で大切なのは、実は何かを構築することよりも、それを継続または撤退することだ。攻めよりも守り、つまり、タイミングよく引けるかどうか。成功する人に共通するのは、みな引き際がうまい。

素晴らしい業績をあげて尊敬されていた経営者も、自身の成功経験が逆に足かせとなって、最後になって跡を濁してしまうことが多い。

私は、成功する人と成功しない人の決定的な違いは、タイミングなのではないかと考えている。

独立して数年間で百億円を超える売上げをつくったり、いきなり億単位の収入を稼いだりする成功者を私は何人も見てきた。そうした人たちは理屈や常識では説明できない行動パターンをとる。

たとえば、大ヒット商品を生み出し、さらに来年はもっと売れて、会社の業績が上がるだろうと誰もが思っているときに、急にそのビジネスから撤退をしてしまう……。

「なんで辞めちゃうの?」と誰もが思うが、その翌年には原材料が急騰し、撤退しなかったら、大損を被《こうむ》っていたという事例を何度も見てきた。

このように継続的に成功する人は、常識的な経営論では、まったく説明できないことをさりげなくやってしまう。

いったい、どうして成功者たちは、障害に遭う前に障害を避けることができるのか? チャンスが来る前に、チャンスに気づくことができるのか? そしてここぞというときに確実に実行に移せるのか?

すべてタイミングである。そしてこれこそ、誰もが成功する答えなのである。

チャンスのつかみ方や撤退の予測などの絶妙なタイミングの計り方は、成功者の行動パターンを分析することで導くことができる。私は経営分析で使われる「成長サイクル」の考え方を、人生に置き換えてみた。すると一見、訳のわからない破天荒《はてんこう》な行動パターンに一定の法則を発見したのである。

人生には12年でひとまわりするサイクルがある。それを3年ごとに四等分して「春夏秋冬」の季節に分けて考えてみる。

春は思い切って行動し、夏は驚くほど成長する。秋には事業の刈り取りをして、冬からは次のサイクルに向かって、土壌を整える。人生にはこのような自然のリズムがある。

そう人生の季節を考えると、成功者の行動パターンとみごとに一致したのである！

この人生のサイクルの法則である「春夏秋冬理論」が画期的なのは、攻め時、守り時、仕込み時、収穫時など、いつアクセルを踏んで、いつブレーキを踏むべきかという判断基準が明確なことである。今までの経営戦略や自己啓発の類《たぐい》では、アクセルを踏むことしか指針がなかったが、この理論ではたとえば毎年、無理な前年比目標などを立てなくてもいい。むしろ、そういったムチャな目標が事故に遭う危険性が高いと警鐘を鳴らしているのだ。

経営コンサルタントとして、いろいろな経営者と接してきてわかったのは、どんなに優秀な人でも、やることなすことすべて当たる時期もあれば、すべて裏目に出る時期もあるということ。裏目に出る時期は、アクセルを踏んではいけない。逆にブレーキを踏んだほうが、会社の安定や次回の戦略を立てるなどアクセルを踏むよりも業績がよくなることもある。こうして人生のサイクル情報「春夏秋冬理論」を活用することによって、経営をテクニックレベルで判断するのではなく、人生レベルで判断できるようになったのだ。

人生の季節サイクルを知ると、現在の課題を見定めやすくなる。過去の出来事の意味を解釈できるから、どんなに辛い目にあったとしても、それが現在にどのようにつながっているかわかる。さらにらせん状に12年周期で繰り返されるため、将来はどんな課題があるか、いま自分は何をしなければならないかがわかる。

「春夏秋冬理論」は一見、占いのように見えるかもしれない。しかし、占いではない。

一般的に知られている占いは、障害を避けようとするものだ。

でも私は、障害が人間を成長させることを知っている。道がガタガタしていることがわかっていても、あえてそこに突っ込んでみるという選択をしなければならないこともある。

ただ、次の道がガタガタ道だと知っているのと知らないのとでは準備や心構えで違いが出る。「春夏秋冬理論」はガタガタ道だから避けるのではなく、ガタガタ道を安全に進むためのナビゲーションなのだ。

さあ、せっかく「春夏秋冬理論」というナビゲーションを手に入れたのだから、たとえ進む道が困難であったとしても不安に陥らず、まわりの景色を楽しみながら歩んでいこう。きっと逆境をプラスに転じることも、また好機をつかむことも容易《たやす》くなるはずだ。

神田昌典

目次

第3章　「生まれた季節」から自分の情報を知る

第4章 「季節の相性」を理解して、人間関係に活かす

第5章 「春夏秋冬理論」の実践例

來夢が語る　「春夏秋冬理論」Q&A

装丁　田中玲子（ムーブエイト）
本文デザイン・DTP　新藤 昇（Show's Design）

第1章

人生には「春夏秋冬」がある！

経営学と占星学の出会いから生まれた「春夏秋冬理論」

「春夏秋冬理論」は、経営学で使われる「成長カーブ」と、東洋、西洋の占星学の出会いによって生まれた理論です。この理論が生まれたきっかけは、日本でもっとも多忙な経営コンサルタントのひとりである神田昌典氏が、コンサルタントとしてたくさんの企業や経営者のライフサイクルを見てきた経験則から、その成長カーブ（Sカーブ）を季節の変化になぞらえた「春夏秋冬理論」の仮説を立てたことに始まっています。

そして彼の顧問アストロロジャーであり、長年の友人でもある私に検証を依頼してきたのです。もともと占星学には、12年周期の考え方があり、12星座はもちろんのこと、十二支も源《みなもと》は「星」の動きを12年サイクルでとらえたもの。それまで私自身も山登りを比喩にして、9年と3年とで12年といったサイクルを伝えていましたが、心新たに改めて、これまで占星学を学んできた知識や日々のなかで相談に乗ってきた何千人ものクライアントの事例を、フル活用して検証してみました。

すると、「人生は、12年でひと巡りする季節のサイクルの連続」という神田氏の仮説が、アストロロジャーの立場からも、怖いほど当てはまることが確認できたのです。

さらに私のほうでは、西洋と東洋の星のサイクルを融合させて、自分が12年周期のうちのどの季節に生まれて、いまどの季節に生きているかを判定する仕組みを考えました。

こうした星を活用した先人の知恵をベースに、私たちが互いに触発して、議論していった結果として生まれた「春夏秋冬理論」は、おかげさまで大きな反響を呼び、その後、読者の皆さんやお互いのクライアントから寄せられてきた声などを参考にしつつ、この理論をさらに深めていくことで、「春夏秋冬理論」がより確かな形に構築されていきました。

2010年には、「春夏秋冬理論」を人生やビジネスに活用するための学びの場として、「ライフロジック・パートナー（LLP）講座」もスタート。この講座は、神田氏と私が「春夏秋冬理論」の活用について直接お伝えする唯一の場となっています。

だから、この「春夏秋冬理論」は、占星学の理論だけからつくりあげた占いではなくて、経営学と占星学の要素を融合させたところから始まり、何千人ものクライアントの事例によって検証してつくりあげた、いままでになかった、まったく新しい形の実践的な理論だといえるのです。

そしてこの本では、「春夏秋冬理論」をより詳しく知りたい、経営やビジネスの場だけではなく、プライベートな生活のなかでも活用したい、という声に応えて、より具体的に、実際のケースにどう活用したらいいかを、わかりやすく解説することにしました。

商品寿命を予測するSカーブ

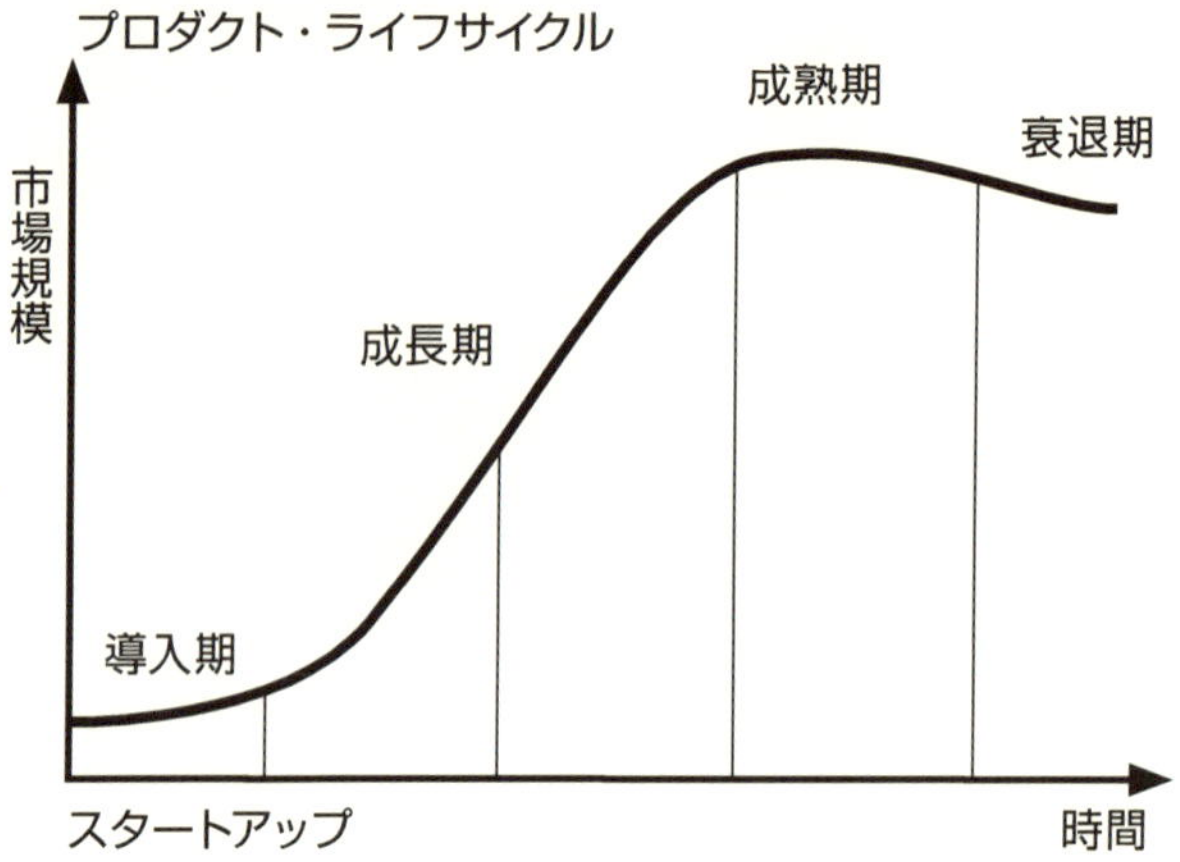

「春夏秋冬理論」によるSカーブ

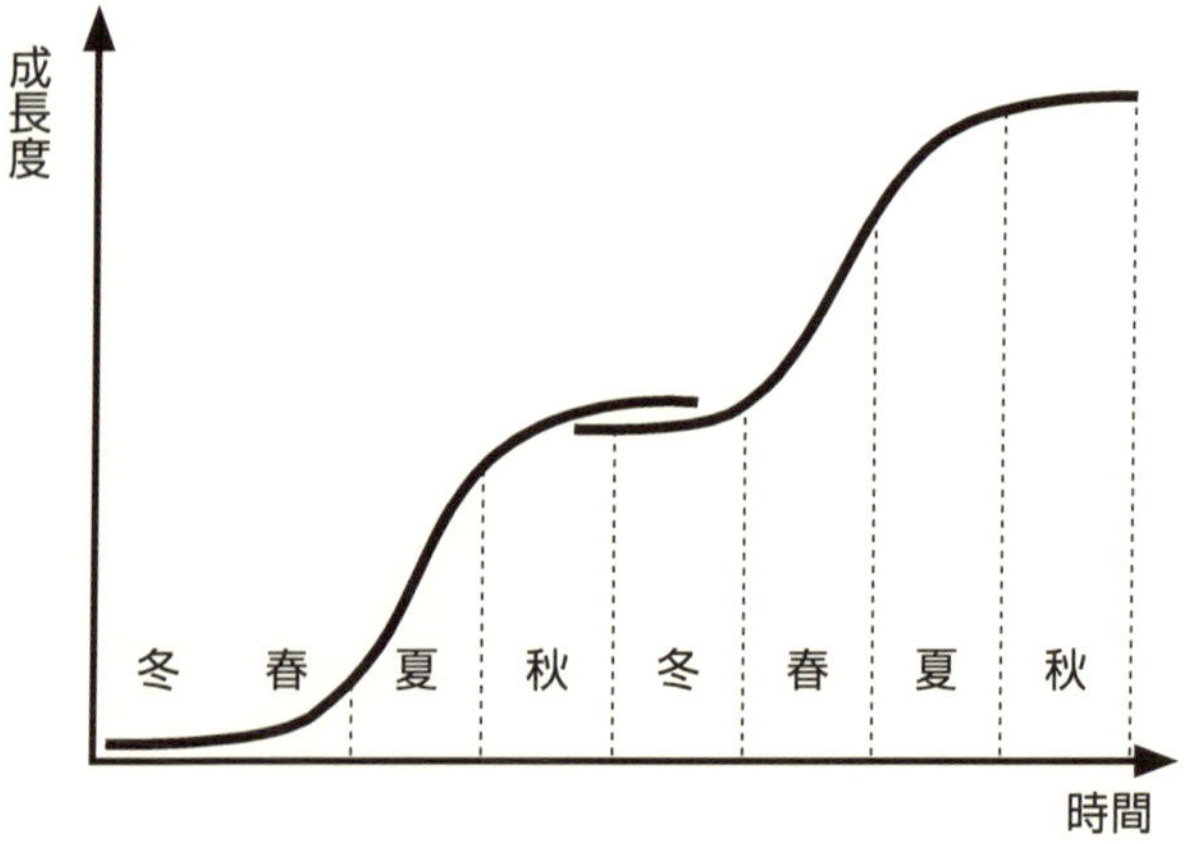

誰もが春夏秋冬の季節に生まれ、春夏秋冬のサイクルのなかで生きている

こうやって生まれた「春夏秋冬理論」のいちばん重要なポイントは、すべての事象は12年サイクルで回っていて、人生にも12年でひと巡りするサイクルがあるということ。

さらに12年を3年ごとに4等分し、それぞれを「冬」「春」「夏」「秋」という季節になぞらえてみると、季節ごとに学ぶ課題があることがわかってきます。

その課題をクリアすると、次の12年は新しい段階に進めるようになるし、課題がクリアできないと持ち越しになり、将来（12年後）に同様の課題が起こることになるのです。

よく、人生をらせん階段になぞらえることがありますが、12年でひとまわりするらせん階段をイメージしてみれば、わかりやすいかもしれません。真上から見れば、同じところをぐるぐる回っているように見えるけれど、課題をクリアして成長している人はちゃんと階段を昇っているし、課題をクリアできずに、ちっとも上に昇れない人や、逆に階段を下がってしまう人もいるかもしれないでしょう。その12年でひと巡りするぐるぐるした道のりを、春夏秋冬の季節になぞらえたわけです。

では、なぜ季節かといえば、その変化や繰り返しの感じが、四季のある日本で暮らす私たちにとって、とてもイメージしやすいから。ただ、注意してほしいのは、「季節」と言っても、当然のことながら実際の季節とは違うので、ここを間違えないようにしてください。たとえば、8月に生まれた人が「春生まれ」の場合もあれば、11月に生まれた人が「夏生まれ」の場合もあります。あるいは、いまが10月だからといって「秋」なのではなく、ある人にとっては「春」で、ある人にとっては「冬」かもしれません。

あくまでも、日本を基準にした地球上の季節ではなく、「春夏秋冬理論」のうえでの季節ということを間違えないようにしてください。

ただ、そのイメージは実際の季節におけるイメージと、ごく近いものなのは確かな事実。そして、それぞれが生まれた季節には、共通している性格や役割があります。だから「春夏秋冬理論」で、自分がどの季節に生まれたかを知れば、本来は自分がどういう人間で、どういう役割を担《にな》っているのか、さらに、どう生きることが自分らしいのかがわかってくるでしょう。

また、それぞれが生きている季節には、共通している課題があります。

だから「春夏秋冬理論」で、自分がいまどの季節にいるかを知れば、いまをどう過ごせばよいかが自然に見えてくるのです。

ある季節からはじまった人生は、春夏秋冬の季節を
12 年サイクルで巡りながら、らせん状に上昇していく

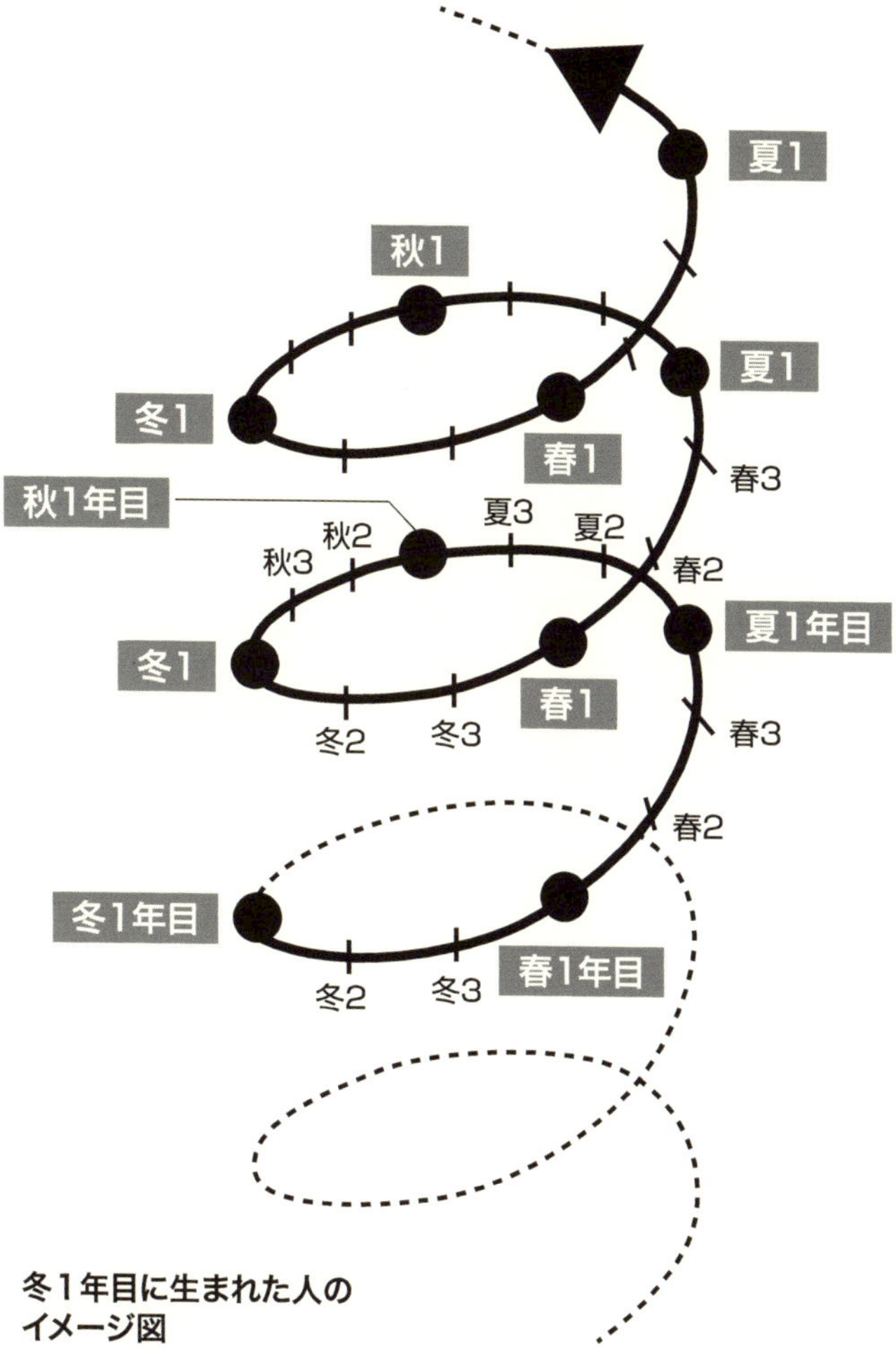

冬1年目に生まれた人の
イメージ図

自分の生まれた季節がわかると、自分や他者への理解が深まる

まず、あなたが春夏秋冬のどの季節に生まれたかは、「春夏秋冬理論」のホームページ(http://www.seasons-net.jp)を見ると、簡単に誰でも、すぐにわかるようになっています。

実際に季節判定をしてみるとわかると思いますが、「春夏秋冬理論」は、生まれた年で区分する「干支《えと》」や「九星《きゅうせい》」とはまったく違います。あるいは、太陽の運行に沿ってほぼ1カ月ごとに切り替わっていく「12星座」とも違うでしょう。

だから、同じ十二支の生まれで、同じ星座生まれだとしても、生まれた季節が違うことは当然のことながらあります。

たとえば、辰年生まれ、九紫火星、乙女座生まれの人でも、「冬生まれ」の人もいれば、「夏生まれ」の人もいるということ。

西洋、東洋問わずそれぞれの占いの特質を活用し、それらを総合して、分析していますので、12星座や十二支、九星の考え方を否定するものではもちろんありません。

ただ、この「春夏秋冬理論」の場合は、春夏秋冬の4パターンに分類しているから、数

が少ない分だけ、より基本的なベースがわかります。

第3章で詳しく説明しますが、「春夏秋冬理論」では、その人の性質・資質の傾向が、それぞれの生まれた季節ごとにわかるようになっています。

●冬生まれ

冬生まれのあなたは、心広き人。自分を信じ、強い意志のもと、愛と勇気を抱《いだ》く統治者。最高を探求し、人生の目的を完遂するゼネラルマネージャーである。

●春生まれ

春生まれのあなたは、心清き人。内なるパワーのもと、物事を理解して本質を見抜く魔術師。未来のために、夢を想像し、創造する人生のオールラウンドプレーヤーである。

●夏生まれ

夏生まれのあなたは、心強き人。天の啓示と純粋な愛のもと、勇気を持って己《おのれ》に戦いを挑《いど》む賢者。真実の知恵により、人生を確かに導くプロデューサーである。

●秋生まれ

秋生まれの人は、心深き人。無限大なる可能性と叡智《えいち》のもと、自己を解き放ち、あるがまま自由な知恵ある愚者。何ものにも囚《とら》われず、人生を旅するアーティストである。

このように自分がどんな資質をベースに持っているかが、はっきりとした言葉で示されると、思い当たる人やピンとくる人はいると思います。もちろん、まだピンとこない人もいるかもしれませんが、この本を読み終わるときには、しっかりと腑《ふ》に落ちるはず。

そもそも自分のことは、わかっているようでいて、わかっていないものです。自分がなりたいと思っている人物像や、親が求めている子ども像、周囲からの評判などに惑《まど》わされて、よいところも悪いところも含めて、冷静に自分を分析できている人のほうが少ないのではないでしょうか。

でも、このような言葉にして、自分はどういう役割を担ってこの世に生まれてきた人間なのかというのがわかると、自分の考えていること、自分がやっていることに納得がいくようになります。

「そうか、自分は無理をして、背伸びしていたんだ」とか、「変わらなくちゃと思っていたけど、このままでいいんだ」とか、「周りの期待と自分自身の実像のギャップに悩んでいたけど、すっきりした」とか、きっとそれぞれの胸に響くものがあるはず。

自分をよく知れば、自分を信じることができるし、自分をもっと好きになることもできるようになります。

人と比べたり、世間的な常識に惑わされて、マイナス思考になっていた人も、自信を回復し、肩の力を抜いて、自分らしく、もっと自然に生きられるようになると思うのです。

また、自分の周りの人の生まれた季節がわかれば、「ああ、あの人には実はこんな要素があったんだ」ということが見えてきて、本来ならしなくてもいい誤解や行き違いなどもなくなるでしょう。

オフィスの同僚でも、上司や部下でも、夫婦でも、親子でも、恋人でも、ただ単に相性がいいとか悪いとかではなく、お互いのベースになっているものがわかり合えれば、もっと見えてくるものがいっぱいあるはず。

そして、それによってお互いへの本当の理解が深まり、コミュニケーションが円滑《えんかつ》にとれるようになっていくのです。

自分の過ごしている季節がわかると、過去、未来への考え方が変わる

自分の持っている資質や性質がわかるというのは、いわゆる占いでも言われることですし、それを人間関係に上手に活用している人も多いと思います。

でも、この「春夏秋冬理論」では、自分が生まれた季節によって自分自身のことがわかるだけでなく、自分がいま過ごしている季節がわかれば、自分にとってどんな時期を生きているかまで見えてきます。

つまり、春夏秋冬のサイクルで、自分の現在、過去、未来という人生のストーリーまで簡単にわかってしまうというのが、これまでの占いとは決定的に違うところです。

もちろん、占いを専門的に勉強すれば、自分の運気のリズムを割り出したり、運勢の予測をすることはできますが、その出し方は複雑で難しく、相当な労力が必要になるでしょう。

その点、「春夏秋冬理論」では、春夏秋冬それぞれの季節の3年ずつ、計12年のサイクルさえおさえておけば、自分のこれからの人生も見えてくるというわけです。

ここで間違ってほしくないのは、春夏秋冬の季節というのは、いわゆる運勢の善《よ》し悪《あ》し

がわかるというのではない、ということ。

いま生きている時間が、自分にとってはどういう時期で、どんなことをしたり、どんなことに注意したらいいかがわかるということであって、運気の浮き沈みを表すサイクルではないということを、くれぐれもよく頭に入れておいてください。

春夏秋冬のサイクルで自分の人生を俯瞰《ふかん》して見ると、過去の出来事を肯定的にとらえることができるようになり、それによって現在の課題が明確になり、そこから希望に満ちた未来を描いていくことができるようになるのです。

いま生きている季節がそれぞれ持っている意味を簡単に説明すると、

●冬はすべての始まり、発想・アイデアとの出会い、試行錯誤、方向性が見えてくる
●春は、やっと芽が出る、出会いが広がる、仕掛ける
●夏はエネルギッシュ、吹き上げられる、アヴァンチュール、自我肥大、無茶は禁物
●秋は収穫、勉強、悲劇、依頼された仕事をこなす

ということになります（詳しくは、第2章で説明）。

人生も農業と同じで、種を蒔《ま》かなければ、収穫を得ることはできません。でも、自分で種を蒔いて、それを丹念に育て上げれば、必ず成長して、自分がその収穫を享受することができるのです。

これは自然の摂理《せつり》でもあり、人生の摂理でもあります。

冬から始まり、春が訪れ、夏が来て、秋で1年が終わるという「春夏秋冬」のサイクルが人生にもあるのです。

そして、それが12年サイクルで巡って来るということを、神田昌典氏と私は発見しました。だから、同じ季節の年は、また必ず12年後に巡ってきます。このことがわかっただけで、自分のいままでの人生が説明できるようになったし、これからの人生のストーリーも見ることができるようになったのです。

と言われても、「春夏秋冬理論」について、まだよく理解していない人にとっては、ちょっと腑に落ちないこともあるかもしれません。

最初にも書きましたが、この「春夏秋冬理論」のベースは、従来まであった占いのバリエーションや進化形ではありません。もちろん、占いも長い歴史と統計の蓄積によって確立されてきたもので、それはそれでツールとしては使えるものですが、この「春夏秋冬理論」は、人知を越えた、人生におけるスピリチュアルなサイクルが12年周期であることに気がついたところから始まったもの。

その12年というサイクルを春夏秋冬に当てはめ、それを西洋、東洋の占星学の理論で裏づけし、何千ものクライアントの実体験から実証してできたのが、この「春夏秋冬理論」なのです。

事実、この理論を自分の人生で実践してくれた人たちの多くが、理屈ではなくて、内容がスコンと自分のなかに落ちるように納得できた、と言ってくれています。


1年に春夏秋冬があるように、人生にも春夏秋冬があります。

それが、12年でひと巡りして、また次の12年が始まり、それを繰り返していく……。

子どものころから、四季の変化を肌で感じ、四季のストーリーのなかで生活してきた日本人にとっては、とてもわかりやすく、感覚的にしっくりとくる考え方だと思います。

あなたもきっと、この本を読んで、自分の季節がわかり、人生のサイクルがわかったら、きっと心から納得して活用してくれることを、私は信じて疑わないのです。

「春夏秋冬理論」を活用すれば、どんな問題も自分で答えを見つけられる

「春夏秋冬理論」のベースには、東洋と西洋の占星学がありますが、「占い」と決定的に異なるのは、自分で活用していくツールだということ。

「占い」の場合は、誰かに占ってもらうか、自分で専門的な知識を学んで占うしかありません。もちろん「占い」は、知らないよりも知っておいたほうがよい先人の知恵であって情報のひとつ。

ただし、「占い」ですべてを決めてしまうのは依存にしかなりません。

たとえば天気予報も、予測するという意味では「占い」の要素を含んでいるかもしれません。株の予測も同じであって、なんらかの方法で、つまり、過去のデータをコンピュータに組み込むなどして、明日、1週間、今後3カ月の天気や株の上がり・下がりを占っているといえます。

だからといって、天気予報も株も「当たるも八卦《はっけ》、当たらぬも八卦」だと言いたいわけではなく、大事なのは、あなたはそれらの情報に100パーセント依存はしないはずだ、

ということ。あくまでも参考にしたとしても、最後は自分で決めているはずです。

それと同じことが「春夏秋冬理論」にも言えます。自分の生まれた季節を知り、いま過ごしている季節を知ることは、自分の人生の情報を知ること。

だからといって、そこに依存するのではなく、その情報をもとに自分の人生と向き合うことができるようになるのが、「春夏秋冬理論」なのです。

「春夏秋冬理論」を活用すれば、自分が抱えている悩みや問題を誰かに相談して解決してもらうのではなく、自分自身で解決することができるようになります。

たとえば天気予報で雨が降ることを知っていたなら、傘を持って出かければいい。

あるいは、あえて傘を持たずに、濡《ぬ》れてみるのもいい。

ただ、雨が降るってことをまったく知らずに、びしょ濡れになってしまったとしたら、「なんて私はツイてない」と落ち込むことになるでしょう。

このように起こる現実は変わらないとしても、知っていると知らないとでは、対処法が変わり、気持ちに大きな違いが生まれます。

それこそが「春夏秋冬理論」の真髄。

人生を楽しく、幸せに生きるための「情報」であり「有効なツール」として、最大限活用していきましょう。

第2章

「12」という
らせんの周期のなかで、
自分の物語はつくられる

春夏秋冬のサイクルは、「12」という周期で巡る

第1章でも書いたように、「春夏秋冬理論」の重要なポイントは、「人生には12年でひと巡りするサイクルがある」ということです。

その12年を3年ごとに4等分して、それぞれを「冬」「春」「夏」「秋」の季節の流れになぞらえていったわけですが、実は春夏秋冬サイクルは、年だけでなく、月、日、時間にもあります。

そして、そのカギを握るのが、「12」という数字。この「12」は、私たちの日常と深く関わっている数字です。

「12」は、十二進法の周期で、1年は12カ月、時計の数字も12、そのほかにも十二支、12星座など、私たちは「12」というサイクルのリズムのなかで、自然と生きていることがわかるでしょう。

ですから12年だけでなく、12カ月、12日というサイクルでも、春夏秋冬の季節を見ていくことができるのです。ただし、時間の場合だけは、24時間を2時間ずつ区切って見てい

日常の中の「12」の周期

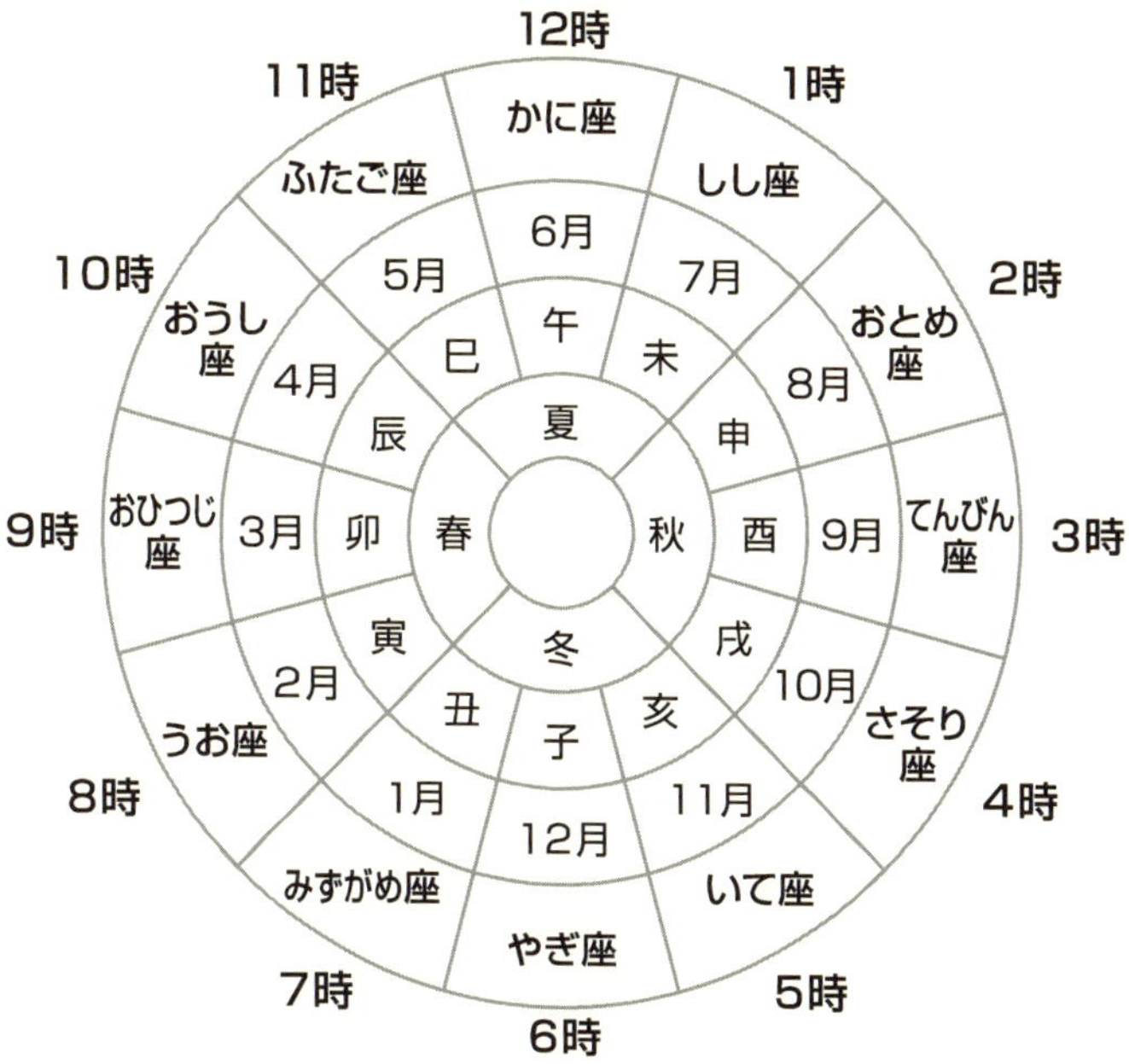

きます。

このように「12」という周期を意識すると、12年という大きな流れだけでなく、12カ月という小さな流れのなかでも、人生の春夏秋冬を見ていけるようになるのです。

また、1カ月のなかでも12日をひと巡りのサイクルと考えると、日常的な計画を立てる際の参考にもなります。

もちろん「12」という周期に、縛られすぎる必要はありません。あくまでも人生を快適に過ごすための情報のひとつとして活用していきましょう。

自分が「いま過ごしている季節」を知る

「春夏秋冬理論」には、「生まれた季節」と「いま過ごしている季節」の2種類の季節があります。初めて「春夏秋冬理論」を知った方は、ここが混同しやすいので気をつけてください。

「生まれた季節」とは、文字どおり自分が生まれたときの季節。そして、その生まれた季節が巡っていった現在の季節が「いま過ごしている季節」ということになります。

たとえば、生まれた季節が「冬3年目」で、現在が38歳の人の場合は、「いま過ごしている季節」は「春2年目」ということになります。

0歳 →冬3年目
1歳 →春1年目
2歳 →春2年目
3歳 →春3年目
4歳 →夏1年目
5歳 →夏2年目
6歳 →夏3年目
7歳 →秋1年目
8歳 →秋2年目
9歳 →秋3年目
10歳 →冬1年目
11歳 →冬2年目
12歳 →冬3年目
・
・
・
36歳 →冬3年目
37歳 →春1年目
38歳 →春2年目

「いま過ごしている季節」は、「春夏秋冬理論」のホームページ（http://www.seasons-net.jp））で調べることができます。

誤解しないでほしいのは、自分の春夏秋冬のサイクルのスタートは「自分の生まれた季節」であって、冬1年目からスタートするわけではないということ。

「自分の生まれた季節」からスタートした人生は、スパイラル（らせん）を描きながら、12年サイクルで上昇していきます。

つまり、これが「季節は巡る」ということ。

冬の季節に生まれた人は、春、夏、秋の順で上昇して、12年後に次の冬が巡ってくる。
春の季節に生まれた人は、夏、秋、冬の順で上昇して、12年後に次の春が巡ってくる。
夏の季節に生まれた人は、秋、冬、春の順で上昇して、12年後に次の夏が巡ってくる。
秋の季節に生まれた人は、冬、春、夏の順で上昇して、12年後に次の秋が巡ってくる。

人生というのは、生まれてから死ぬまで、直線でもないし、ただのカーブ状の線でもありません。

あくまでも上昇していくスピードや、そのらせんの大きさは、個人差やそのときのエネルギーによって違いますが、一カ所にとどまることなく、常に繰り返し、らせん状に昇っていっているのです。

そして、このらせんはスピリチュアル的に考えれば、あなたが死んだらそこで途切れてしまうのではなくて、また次なる生命に引き継がれて、永遠に繰り返し、昇り続けていくもの。

だから、人生は死ぬまで、スパイラル・ワールド。

ひとつの課題をクリアしたなら、次なる、より深い課題が用意されています。

それは自分自身を成長させるために、自分自身で用意してきたプログラムです。なんといっても、生きることそのものが魂の修行なのだから。

人生の季節は巡ってくるといっても、同じことの繰り返しではありません。

成長していくにしたがって、季節の感じ方や過ごし方、楽しみ方や味わい方も当然、変わってくるでしょう。その方法は、人それぞれでいいわけで、どのような過ごし方が正しいというものではないのです。

人生の四季を、猛スピードで走り抜ける人もいれば、ゆっくりのんびり散歩するように生きていく人もいるはず。

けれど、どんな人生にも、冬があって、春が来て、夏になって、収穫の秋が訪れます。

そして、次なる冬の始まり。このサイクルは永遠に変わりません。

どんなに早いスピードで走ったとしても、ひと足飛びに、冬からいきなり秋にいくことはないのです。その季節その季節には、課題やギフトやワナが待っているけれど、それを受け取ったり、手放したり、クリアしながら、らせん階段を一段、一段上がっていくようなイメージを持ってください。

昨日よりは今日、先月よりは今月、そして昨年よりは今年、どんな人でも成長しながら、修行しながら生きていっているのです。

でも、なかには課題をクリアできずに、同じところを最後まで回り続ける人もいるし、次々と課題をクリアして、猛スピードで上昇していく人もいます。

ただ、どんな人でも同じように、春夏秋冬は巡ってくるということを、心にしっかりと刻《きざ》み込んでおきましょう。

いま、どんなにつらくても、いまどんなに絶好調でも、それはいつまでも、同じようには続かないということ。

このことが漠然とした期待でもなく、お説教でもなく、目に見える形で、自分でそのサイクルを確認することができるというのが、「春夏秋冬理論」なのです。

春夏秋冬の各季節には、乗り越えるべき課題がある

春夏秋冬の季節の過ごし方は人それぞれで構いません。ただし、その季節やその年には、やっておきたい課題や注意すべきことがあります。

第1章で、「春夏秋冬のサイクルは冬に種を蒔《ま》き、春に水をやり、夏の日差しを受け、秋に収穫する農業と同じ」だと書きました。

この季節のサイクルは、プロ野球の1年とも似ています。

プロ野球の開幕は春の4月だけど、その前にオープン戦があり、キャンプがあり、そして自主トレや自主キャンプがあるもの。

正月が明けて、自主トレやキャンプ、オープン戦の実戦が始まるまでの間が、まさに冬の季節になります。この時期にいかに身体をつくり、1年間がんばれるような準備をして、春を迎えられるかで、いかに開幕後に好スタートをきれるかが決まってくるのです。

そして春には、チーム一丸となって前半戦を戦い、シーズンもたけなわ、夏からの後半戦では、球界全体が盛り上がり、どのチームも優勝、またはクライマックスシリーズ進出

に向かってラストスパートをかけます。

引き続き、秋にはチーム優勝や個人タイトルなどの1年間の総決算となる結果が出ます。まさに、これが秋の収穫。

さらに、その結果を受けて、足りなかったところや戦略的に間違っていたところなど、シーズンの反省をし、1年の疲れをとり、また来季に備《そな》えるのです。

シーズンを通して、個人としてもチームとしても、活躍できるかどうかは、あまり目には見えない冬の時期に、十分にエネルギーを充電したり、足りない部分を補強したりして、いかに負けない体力をつけたかにかかっていると言ってもいいでしょう。

誰にでも春夏秋冬は訪れますが、その時期にこなしておきたい課題を、こなしてこなかった人には、それなりの結果が待ち受けているということ。

一方、種を蒔きっぱなしではなく、水と肥料をしっかりとやり、雑草をとり、丹精込めて育て上げた人には、必ず大きな収穫、ごほうびがもらえるようになっているのです。

それでは、冬、春、夏、秋のそれぞれの意味と、その季節の1年ごとを、どう過ごしたらいいかを詳しく説明していきましょう。

冬の季節

これからの12年間の始動の時期、試行錯誤の季節。

キーワードは「解放」

「冬」は、これまでの12年間の到達点であり、これからの12年間のスタートの時期。過去を振り返り、問題点と向き合い、自分の内にエネルギーをゆっくり蓄えながら、心を真っ白にして、じっくりと9年後の「秋」に向けて、どんな収穫が欲しいのか、ビジョンを描く季節です。

「冬」の季節に行ないたいことは、これまでの12年間の振り返り。直近の「秋」、ひとサイクル前の「秋」、可能なら、さらにその前の「秋」を含めて起きたことを整理し、改めて振り返ってみましょう。

同じような事象として起きていて、なおかつまだ解決されていない問題が残っているとしたら、いま、その問題に向き合うことが大切。ただし、無理に解決するのではなく、どうあることが最善なのか、それにどう対応していきたいのかをゆっくり考えてみましょう。「冬」は、エネルギーが十分ではないので、あわてて動く必要はありません。「秋」に起きたことをありのままに受け止め、人生における意味や成長のポイントをつかんでいくこと。すべての事柄は、自分に必要だからこそ起きたことだと心から納得することができれば、自然とエネルギーが蓄えられ、「冬」のスタート地点に立つことができます。

そして、前の「秋」のテーマを消化して、澄んだ心で「冬」を迎えているなら、次は意識を次の「秋」に向けて飛ばしていきましょう。

どんな未来、どんな人生を描いても、それはあなたの自由。次の「秋」に向けて、この12年をどうしていくのかは、すべて「冬」のあなたの創作したいという思いにかかっているといっても過言ではありません。

この時期は、人生の試行錯誤を重ね、小さな成功と失敗を繰り返しながら、望む未来へ向けて方向性を探っていくことがテーマ。また、「春」へ向けて自分を取り巻く人間関係や環境の地ならしもしっかりしておきましょう。

冬 1年目

検証とスタート

冬1年目は、これからの12年間のサイクルの出発点です。楽しい気分に包まれて、走り出したい気持ちになるかもしれませんが、まずは、これまでの12年間を振り返って、いまの自分を検証してみましょう。

とくに「秋」は、学びや気づきをもたらす自然淘汰が起きる時期。どんな収穫を得て、何を失ったか、どんな人と出会い、誰と別れたのか、手元に残ったもの、去ったものを確認して、いまの自分をありのままに受けとめましょう。

ありのままの現実を受け入れられず、葛藤にとらわれて落ち込んだり、それを無視して元気に振る舞うと、せっかくの新しい冬のエネルギーを吸収しそこなってしまいます。どうしてそれが起きたのか、冷静に時間をかけて客観視ができる状態にして、過去の思い込みから解放されるように自問自答していくことが大切。

検証が進むたびに、自分が望んでいることが段々とはっきりしてくるでしょう。現在の環境、あるいは新たに求めている環境と真摯に向き合って、それが本当に必要なのかどうかを見極めて、選択していくこと。

また、「秋」のご縁を検証すると同時に、絆《きずな》を深めたい人とは積極的にコミュニケーションを。ここからつながっていくご縁は、今後の人生のサイクルに密接に関わる可能性が大。無理や妥協をするのではなく、心から信頼し、認め合える人間関係を築いてくことが大切です。

冬 2年目

再確認と基礎固め

1年目の検証と選択を経た2年目は、自分の望みが明確になってくる時期。次の「秋」の自分のために、雑草を取り除き、土壌を耕《たがや》し、肥料を与えて、望む環境や人間関係の基礎を固めることがテーマになります。

漠然とでも方向性が決まったら、ビジョンやミッションに向かって、自分の足で立ち上がり、小さなチャレンジをしていきましょう。

自分の環境を整えて、次の「秋」に思い描いた収穫ができるように、土壌を耕し、栄養を与えること。そのためには、1年目に選択した環境や人間関係を整備することがテーマになります。それは12年サイクルの人生を自分でデザインし、不要な部分をそぎ落としていく作業にもつながります。よくないとわかっている習慣や生活形態をやめ、そのかわりに理想の自分に近づくために必要な行動を習慣にしていくことが大切です。

たとえば仕事や私生活でも、会っても刺激もなく、おもしろくもない人とは少し距離をおいて、協力関係を築きたい有益な人との時間を増やすこと。冬の試行錯誤のなかで手がけたものから、「これにならエネルギーを注ぐ甲斐がある」と感じるものに絞り込んでいきましょう。

要するに、環境や人間関係において、無理やムダなく続けたいもの、深めたいものを自分で選ぶ作業が冬2年目。もちろん選べないことは、無理に選ぶ必要はありません。ただし、一度選んだことは、必ず実行する姿勢が肝心です。

真の問題へ取り組む

2年目で整えた方向性に進むために、3年目は出てくる問題や障害に自ら向き合っていく時期です。これは問題や障害を見て見ぬふりをしたり、耳に痛いことを言う相手をねじ伏せて黙らせてしまうことではありません。

難しい現実的問題、内面から湧きあがってくる自分自身への不安やビジョンへの抵抗感と向き合っていく時期です。あなたの掲げたビジョンに反対したり、無理だからやめろと忠告する人もいるでしょう。金銭的不安もあるかもしれません。

または、自分自身が心のどこかであきらめや不安を抱えていたりすることも。これら一つひとつと向き合うのは、正直大変なことです。途中で掲げたビジョンを降ろしてしまうほうが恥もかかないし、自分も傷つかないでしょう。それでもやりたいビジョンなのかどうか、自分にその覚悟を問うていかなければなりません。

友人・恋愛関係なら、お互いの人生をどれだけ本気で考え、応援したいと思える相手なのか。仕事や勉強なら、不安と戦ってまでもやりたいことなのか。いずれにしても本気で取り組めないビジョンは成功しませんから、いまのうちに方向転換しておくこと。「冬」の試行錯誤は、いくらしてもOKです。

冬3年目は「春」の活動開始に向けて、未来への道を探す過程。しっかり自問自答しながら、人生の選択をしていきましょう。

春の季節

方向性が定まる、やっと芽が出る、出会いが広がる季節。
キーワードは「感知」

内側にためたエネルギーを、自分の描いた具体的なビジョンに向かって使い始めるのが「春」です。外に向けて自分を発信していくことで、エネルギーの循環が生まれる季節。

そんな「春」のテーマは、ズバリ「意図して広げること」です。

自分の五感を総動員させて、見て、聞いて、味わって、体験して、感じることが大切。

もし「冬」の時期に、ビジョンや目標が見出せなかった場合は、ここでやりたいことに手当たり次第に着手しましょう。

何も経験しない、または何も感動できない「春」には意味がありません。自分の心が動くことに出会えるまで、当たって砕《くだ》けてもいいというくらいの覚悟で行動していくことが重要です。

また、「春」の出会いは、「冬」に温めていた計画を拡大させることにつながります。自分が感じていること、やりたいことは、どんどん周囲の人に伝えていくこと。その過程で問題が生じたとしても、自分の気分が乗ることなら、基本的に方向性は間違えていないと思っていいでしょう。

ただし、自分ひとりでは何も変わらないし、変えられないということは認識しておくべき。周囲の人をフォローしたり、相手に合わせてコミュニケーションの取り方を工夫したりといったことが必要になります。

そして現状に少しでも不満があるなら、満足できる状況に少しでも近づけておくようにしましょう。とくに仕事関係や家族関係での調整は、「夏」への準備という意味でも大切です。「春」は過ごしやすく、つい気が緩みがちですが、きちんとセルフチェックして、来るべきタイミングが訪れたら、瞬時に引き締めることがポイント。次の「夏」にスタートダッシュをかけられるかどうかは、「春」のウォーミングアップにかかっているということ忘れないようにしましょう。

春 1年目

フォローと気配り

春1年目は、「冬」に明確になった方向性を伸ばすために、環境を整える時期。種から出た芽が枯れないように、水と肥料を与え、余分な枝をはらい、雑草を抜き、害虫から守るなど、しっかり手をかけていきましょう。

人間関係においては、「冬」に関わった人たちへのフォローが大切。お互いの関係性が変わっていたとしても、敵にまわすのではなく、味方につけることです。

さらに、自分の協力者を増やすことも重要。惜《お》しみなく協力してくれる他者の存在なくして、成功はありえません。自分の土台となる環境を安全安心な状態を保つために、まめにコミュニケーションを図りましょう。

仕事や趣味は、スキルアップと同時に、自分の力がどれだけ外の世界で通用するのか、武者修行のように普段とは違う環境で力試しをすることが大事。「井の中の蛙《かわず》大海を知らず」の状態は、「冬」はよくても「春」では通用しません。他者の協力を求めながら、自分だけの力でどれだけのことが可能なのか確認し、自分のやりたいことと、他人に協力を求める部分を明確にしておきましょう。

大切なのは、自分が蒔いた種に責任を持つこと。可能性の芽を伸ばすか、枯らすかはすべて自分次第です。一つひとつの行動から得られることを真摯に受け止めて、自分の責任でワクワクする環境をつくっていきましょう。

積極的な仕掛けと自己探求

春1年目をベースに、より快適な状態を目指して、自己を探求し、やりたいことを追求できる環境を整えるのが2年目です。1年目の行動は自己成長のために、さまざまな経験を積む機会を増やすことが求められましたが、2年目は質を上げる機会を増やしていくことが課題になります。

気が進まないことには、関わらなくていい状況をつくることが大切ですが、単に好き嫌いだけで決めるのは論外。幸せを満喫できる環境をつくるための取捨選択を、自分自身としっかり向き合いながらやっていきましょう。どうしてもやりたいと思うことであれば、どんどん仕掛けていくこと。心から求めれば、それを実現できるチャンスは必ずやってきます。

ただし、自己探求に力を注ぎすぎて、恋人や友人、家族とのコミュニケーションを疎《おろそ》かにしないこと。何か問題があるなら、そこから逃げずに向き合い、きちんとコミュニケーションをとるようにしましょう。

仕事や趣味なら、さらに枠を拡大させたいのか、現状維持で満足なのか、自分の本音と向き合っていくこと。共に歩む仲間と共通の認識を持って、コンセンサスを取り合うことが必要です。また、頭に汗をかいて生み出すことが大事ですが、失敗したら軌道修正すればいいと考える柔軟性を持つこともポイント。その柔軟性とバランス感覚を持ったうえで、自分が満足できる環境を求め、決意を固め、信じて選んだ道をさらに奥深く進んでいきましょう。

夏への加速と脱皮

3年目は、破壊と創造の時期です。2年目までにつくってきた実績や、大事にしてきた環境を見直し、「夏」にありたい自分と適合しなくなったものは手放してしまうこと。

自分がいまいる環境や人間関係は、居心地がよく愛着があるでしょう。それを手放すことには恐れがあるかもしれません。けれど、さらなる自己成長や飛躍のためには、あえていまの環境を脱皮し破壊することが必要で、それが次なる創造につながります。破壊というと怖そうなイメージですが、それは大きく成長したヤドカリが小さくなった貝を捨てて、自分に合う大きさの貝を探すのと同じことです。

人間関係なら、話が合わなくなってきた相手との関係を見直し、距離を置いて考えてみること。そのうえでズレが明確になったら、自分がいい刺激を受け、活性化できる人間関係を求め、広げていけばいいのです。仕事や趣味も同様。いまの自分をこれ以上成長させてくれない、またはこれからの自分と適合しなくなっている、もっと居心地のよい場所が他にあると感じるなら、潔《いさぎよ》く手放して、次へ向かいましょう。

人生は永遠に同じままということはありません。感覚を研《と》ぎ澄まして未来を見たときに、「違う」と感じたものは、ここで手放しておくこと。物理的にも心理的にも余計なものがなくなれば、自分の周りには本当に大切な人や事柄だけが残ります。それは自分の成長と魅力を高めることにつながっていくのです。

夏の季節

追い風、エネルギッシュ、制御不能の季節。
キーワードは「反応」

「夏」は、自分のエネルギーと、外からのエネルギーを融合させて最大限に使うことができる時期。物事がスピーディーに動き出し、状況と環境が激変します。

よいことも悪いことも、あらゆる意味で変化のきっかけが、チャンスとして目の前に運ばれてくるでしょう。楽しいことも多いけれど、危険な誘惑も多くなるとき。

だからこそ、自分で意図を持って、チャレンジしていくことが重要です。しっかりした意図があれば、数多くのチャンスと高まるエネルギーを追い風として使うことができます。けれど、意図なきままに動き出すと、ハンドルをとられて思いがけない方向に突き進んでしまうことも。

とくに「夏」の前半は、何もしていないつもりでも、あらゆることが勢いづいて前進していきます。その過程では、実力以上の出来事が起こってしまうこともありますが、失敗を恐れずに思いきってチャンレンジしていくことが課題になります。

ただし、よくも悪くも勢いがあるからこそ、「夏」の前半のエネルギーは制御不能。自分の実力を過信して、周囲に傲慢な態度をとってしまうこともあるでしょう。自分で自分を戒《いまし》めるのは難しいことですが、自己コントロールをしっかりしていくことが大切です。

「夏」の後半になると、エネルギーが一気に下り坂に向かい、「秋」への準備期間に。成功速度も緩やかになるので、勢いで拡大し続けていた行動範囲や仕事を意図的にスピードダウンさせる反応力がものをいうようになります。

いくつも広げた可能性を手放して、整理する必要も出てくるでしょう。「秋」の豊かな収穫を得るために、トライ&チャレンジも含めて、気づいたことをどんどん進めることが大きなテーマになるのです。

夏 1年目

満喫とチャレンジ

トライ&チャレンジの機会が次々と訪れるのが夏1年目。数多くのチャンスや、ラッキーを予感させる出来事が起こります。そのなかで、何を取捨選択するかがポイントに。好きなことややりたいことを直感で選んでいきましょう。チャンスはつかみ、活かしていく冒険心を持つことが大切です。

夏1年目は、成長速度が速まるので、人生のギフトや入ってくる情報量も格段に増えます。それを上手に活用していくには、周囲との協力体制を築いておくことが必要不可欠な条件。どんなに「夏」の強力なエネルギーが高まっていても、「ひとりでは戦えない」ということを自覚しましょう。

人間関係においては、家族との協力関係を見直すこと。甘えたり、甘えられていたりという依存を感じるなら、お互いに自立を促すタイミングです。また、友人とは、共に人生を楽しむパートナーとして関わると、行動枠がより広がります。

夏1年目は、恋にも縁が深いとき。魂と肉体を開放できるようなアヴァンチュールラブを楽しむチャンスがあるかもしれません。あるいはお伽噺《とぎばなし》のような純愛をすることも。

仕事では、すばらしいインスピレーションを得て、独立・起業に結びつくこともあります。人生のチャンスを受け取り、心から楽しむ……、それが夏1年目のテーマです。ただし、気を緩めすぎないように気をつけましょう。

夏 2年目

創造と効率

楽しみながらチャレンジした1年目を経て迎える2年目は、燃焼と創造の時期。「冬」にスタートさせたことの結果が、よくも悪くも白日のもとにさらされるでしょう。そういう意味では、12年サイクルのなかでの大きな切り替えポイントでもあります。

人間関係では、すばらしい支持者に恵まれる半面、あなたの行動を非難する人が現われ始めます。恋愛なら、あなたとの出会いを感謝してくれる愛らしい恋人がいれば、嫉妬心や執着心を持たれることもあるかもしれません。仕事では、その成果を称賛されることがあれば、批判や否定されることもあるでしょう。それらの出来事すべてが、本当の意味での夏2年目の事象になります。

自分の人生のマスターとなって、意志を徹底的に貫き、持てるエネルギーのすべてを燃焼しきって、その後に新しい何かを創造していきましょう。あなたが望む変化を人生のなかに起こすことが可能な時期なのです。

そのためには高まる情熱にただ舞い上げられるだけではなく、その強烈なエネルギーを波乗りのように乗りこなし、コントロールして使いきるだけの強い気迫が必要になります。知識も体力も愛情も、すべてを惜しみなくここで燃焼させましょう。自分の最大のパワーを放出して輝き、さらに周囲に光を当てて輝かせ、自己の限界に挑戦できる、最高の時期が夏2年目と言えます。

夏3年目

状況の把握と秋の準備

持てるエネルギーをすべて燃やし、人生の限界までチャレンジした夏2年目を経て、人生をさらに深く豊かに成長させる時期。自分の仕事や守るべき人に、可能な限りの責任を持ち、支援するときでもあります。

夏3年目は、今日までチャレンジしてきたことをさらに拡大したり、集大成のようにまとめるのにも最適。つくり上げてきたものを手放し、整理することもOKです。

対人関係でも、仕事の面でも範囲を広げたり、絞り込んだり……、活躍しやすいように、望む方向へ変化させていくこと。これまでのように勢いだけでなく、ひと工夫加えながら、「秋」に向けて、好きなように人生をアレンジしていけばいいのです。その延長線上に、さまざまなチャンスはやってくるでしょう。

ただし、「夏」のなかでも3年目には、傲慢という怪物が潜《ひそ》んでいます。家族や恋人への言動はもとより、自分より下の立場にいる人たちに横暴な振舞いをしていないかチェックを。忠告してくれる人の意見には謙虚に耳を傾けましょう。

また、気づいている問題点は、いまのうちに解決しておくこと。「夏」の問題を「秋」に持ち越すと、どうしようもなく大きく膨れ上がってしまう可能性もあります。エネルギーいっぱいのいまこそ、思いきった自己改革と「秋」に向かう環境の整備をすませておくことが大切です。

秋の季節

収穫、勉強、反省の季節。
キーワードは「確認」

「秋」は、いままで努力してきたことの成果、結果が現われる時期。12年サイクルの最終章の3年間なので、「冬」から「夏」までの9年間の再確認となるようなさまざまな出来事が起こる季節でもあります。

その過程のなかで自然淘汰も起こり、突然、思いもよらない大きな変化がもたらされることも。それは一見、悪い出来事と思えることでも、人生の方向性を修正するための必要事項であったり、今後の学びや成長のための決別だったりするのです。

「秋」に起こることとは、人生の確認の意味を持っていますから、そこに気づいて受けとめることが、「秋の収穫」そのものになります。

肉体的なエネルギーは落ちますが、そのかわりに頭は冴えるとき。精神的な成長が促される絶好の機会なので、人生のプロセスを確認するために、自分の内側に目を向けることが大切です。

自分で選《え》り好みをせず、身の周りに起きたことや、訪れた人との出会いを素直に受けとめ、感じたことや希望を正直に伝えること。そうすることで、おのずと未来のために必要な新陳代謝が起きてくるはずです。

「去る者追わず来る者拒まず」の言葉どおりの姿勢でいれば、あなたが意図せずとも必要な人、求めていた環境が向こうから集まってきます。そして、あなたの成長の邪魔になる環境や人間関係は解消されていくことになるのです。自分の予想や意図とは関係のないところで起きてくることが、まさに「秋」の事象。

予想外の出来事が起こるたびに一喜一憂するのでなく、すべてのことを感謝して受けとめ、この収穫を喜んでください。そうすることが、新たな12年サイクルの好スタートにつながるのです。

収穫と新陳代謝

エネルギーレベルが急激にダウンするのが秋1年目。大切なのは自分を信じ、そして支えてくれる人の存在を信じることです。「夏」までにつくり上げてきた実績や財産でさえ必要なら手放して、人生の軌道修正をする勇気を持ちましょう。

この時期に起こることは、偶然ではなくてすべて必然。もっと豊かな実りを得るために必要な自然淘汰なのですから。

まぶしい「夏」を経て迎える秋1年目は、意識しないところで変化が起こり始めます。最初は、誰も気づかぬくらいの小さなサインから、次第に大きな事件や出来事へと発展し始めるかもしれません。

仕事では、小さなミスから大きな墓穴を掘ってしまったり、健康面では自分や親しい人の体調のわずかな変化をつい見過ごしてしまいがちになります。

秋1年目は、自分の周りに起きている微妙な変化を見逃しやすいもの。対人関係では、人に与えてきた小さな痛みにも気づけるように敏感に注意を向けましょう。家族にかけてきた心配や仲間への甘えや軋轢《あつれき》、恋人への冷たい仕打ちなどで傷つけていないか、できるなら直接聞いてみることも大切です。

気づいて、感じて、動き、あなたの思いを正直に伝え、そして決断は相手にゆだねる……、そんなソフトな気遣いが、秋1年目に求められることなのです。

秋 2年目

受容と勉強

秋2年目は、肉体的なエネルギーは落ちますが、そのぶん頭は冴え、精神的な成長を促される時期。秋1年目の学びを、咀嚼《そしゃく》し、深く自分のなかに落としこみ、吸収する……、そんな内的な作業にピッタリの季節です。

これまでとは違う場所に出かけて、新鮮な風を取り入れることも大切。とくに自分の精神性を高める分野のことに興味が湧いてくるので、いままでとは出会う人も変わってくるでしょう。成功のチャンスは人からもたらされますから、興味を感じることが出てきたら、絶好のタイミングと捉えて真剣に学びましょう。一気にさまざまなことが見通せるようになり、その結果、「秋」の収穫が加速するはずです。

これまでの対人関係や仕事では、相変わらず思いがけない変化が起きるかもしれません。自然淘汰も新陳代謝も、すべて逆らわずに受けとめること。そして、「秋」に起きた緊急事態に対して反省する部分があれば、しっかり反省して次への学びにしていきましょう。ここでまだ「夏の傲慢」を抱えたまま、他人のせいにして自分のこととして捉えないと、事態が急速に悪化するので注意してください。

トラブルの原因は、自分にもあると謙虚に受けとめること。そして、悪かったと思うところがあるなら、それを周囲に謝罪し、感謝の気持ちを伝えることも「秋」のけじめであり、必要な課題として大切なことです。

秋 3年目

仕上げと準備

秋3年目は、12年サイクルの最終章。プロセスの軌道修正の最終段階になります。素晴らしい春夏秋冬の12年サイクルを過ごしてきた人は、豊かな実りを仲間と共有して「秋」の収穫を祝えているでしょう。

不本意ながら自分を欺《あざむ》き続けていた人は、本来の自分の人生を歩むために偽りの人生を脱ぎ捨てて、秋3年目には自由になれていることと思います。また、望んだつもりがないままに自由を得た場合は、見放されたような不安や猜疑心《さいぎしん》でいっぱいかもしれません。

しかし、「秋」に起きた現象のすべては、あなたに必要だから起きていること。単純に幸不幸の枠にはめようとしたり、損得の秤《はかり》にかけたりせず、起きたこととその結果をよく味わい、その理由を探ってみましょう。

以前の環境は、本当はつらかったのではないだろうか、あなたの魂の叫びを抑圧される環境ではなかっただろうか……、そんな風に思いを巡らしていくことこそが、真の自由への第一歩につながっていくと考えてください。

あとは、インスピレーションにしたがって、気の向くままに進んでいけばいいのです。いまはまだ、次の目標は見えていなくてもかまいません。あせらず、「秋」の実りであるいまの状況を最大限楽しむことに集中すること。その先には、希望に満ちた新しいサイクルが待っているでしょう。

12年での各季節の課題は、そのまま12カ月にも活用できる

12年間でひと巡りする各季節の課題が理解できたら、今度はそれを12カ月にも応用していきましょう。

12年であれ、12カ月であれ、各季節の課題が大きく変わることはありません。ただ、12カ月で取り組む場合には、より身近なこと、短期間で達成できることに落とし込んでみるのがポイントです。

さらに12カ月のなかでの春夏秋冬サイクルは、一生を通じて変わることはありません。今年の4月が夏1カ月目になる人は、来年の4月も夏1カ月目になります。

自分の12カ月のなかでの春夏秋冬サイクルを意識して過ごすと、「季節のリズムに乗る」ということの意味が実感できると思います。

人によっては、実際の季節は「冬」でも、「春夏秋冬理論」では「夏」になる場合もあるはず。そんなときは、「冬」だからといって閉じこもっているのではなく、あえて精力的に活動するという過ごし方もあることに気づくでしょう。

また、12年サイクルや12カ月サイクルでの各季節のテーマは、ひとりの人間の成長過程にもなっていますので、こちらも参考にしてください。

12年のサイクルのイメージ

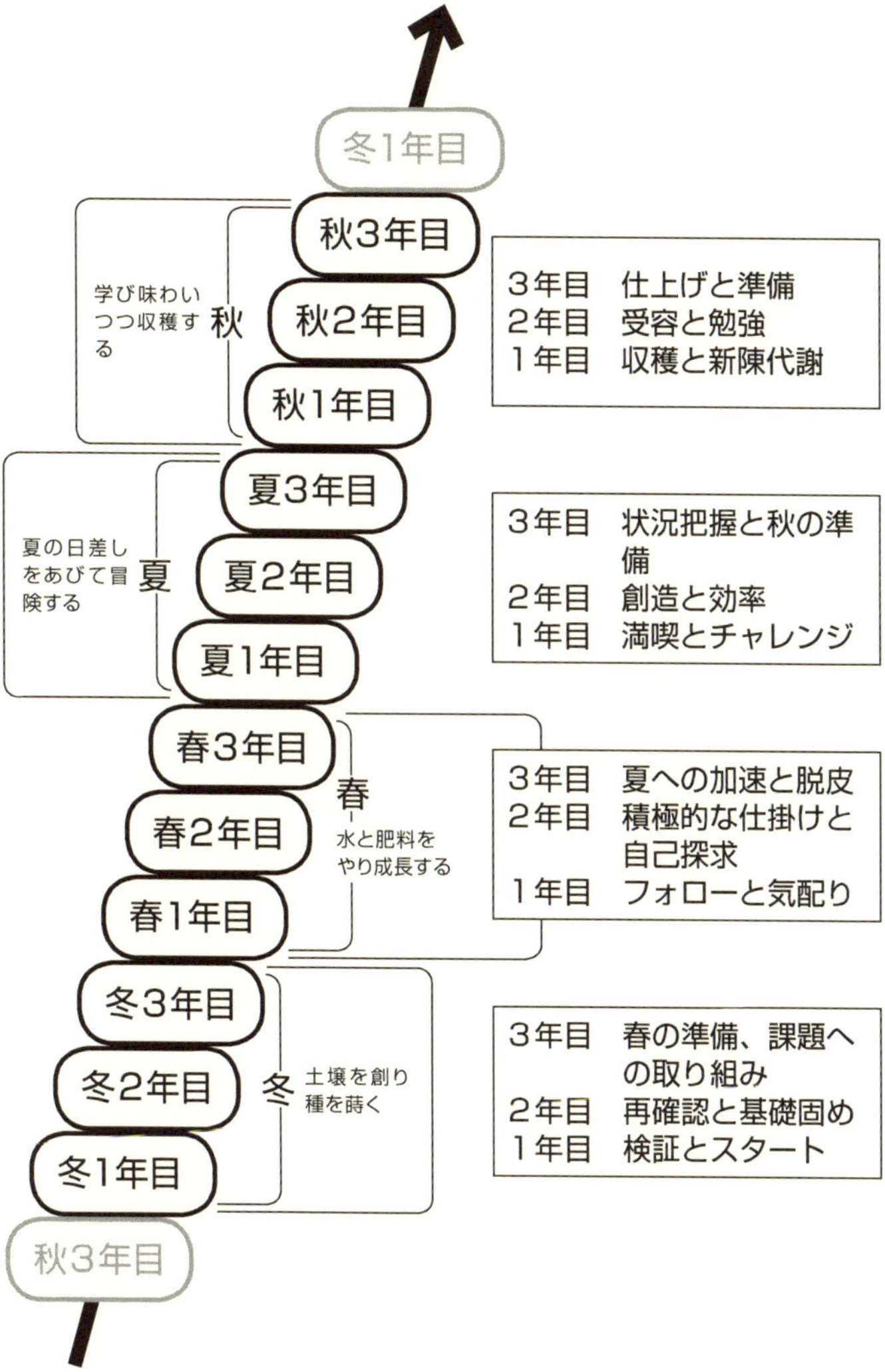

冬1　テーマ＝新しいスタートのために現状を確認する

秋に起こったことを振り返り、自分の立っているスタンスや範囲を検証する。それをどう変えたいのか、次に何をしたいのか、ビジョンを描く。そのために誰が自分を応援し、協力してくれるのかという安全領域を見極め、選択する。これが新しいサイクルの出発点になる。

冬2　テーマ＝試行錯誤をしながら足場を固める

ビジョンに向かって歩み始めるために、小さなチャレンジを繰り返して自分の安全領域や立ち位置を整えていく。不足している知恵や知識や技を磨き、支持や協力者を求め、依頼していく。自立するための基礎や基盤づくりに力を注ぐ。

冬3　テーマ＝目標を明らかにし、真の問題と戦う

基盤が整い勢いを増していくなかで、本当に自分の目指すものを得るために目標と戦略を立てる。自分のなかのこだわりや執着と向き合い、目の前に起きている問題から目をそらさずに、勇気を出して真正面から取り組む。

春1　テーマ＝見えてきた方向に向けてフォローする

「釣った魚にエサをやる」。芽が出てきた活動や関係を放っておかずにしっかりと育《はぐく》み、伸ばすようにお世話する。また戦った相手、顧《かえり》みなかった相手や物事にも心を配り、手間を惜しまずフォローする。

春2　テーマ＝自分を越えるために探究する

自らの活動や人間関係に対して、器を広げていく時期。周囲や他人に働きかけながら自分と向き合い、行動や人とのかかわりを通じて、自分はどうありたいのか、どう進みたいのかを掘り下げて（＝探究）いく。

春3　テーマ＝飛躍のために自分の枠組みを変える

五感を研《と》ぎ澄まして気持ちを高める。そしてもっと大きなチャレンジのために、これまでの自分自身の枠組みを思いきって打破する。固執・執着を潔《いさぎよ》く手放し、いままでの環境を卒業し、より上の世界へ進むとき。

夏1　テーマ＝自分の決断にコミットメントする

自分の気持ちに素直になり、気がすむまでやってみる。自分自身、あるいはついてきた人にコミットをし、自分と周囲の心をひとつにする。そして目の前の現象にひるまず、ととことん行動することで見極めていく。

夏2　テーマ＝真の自分を世の中に表現する

自分が自身のクリエイターとなって活躍する範囲を拡大していく。自分の限界に挑んで燃焼しきる。これまでの活動が形となっているのなら、さらに効率を高めて態勢を整える。乗れていないと感じたら、ズレを修正する。

夏3　テーマ＝自らが創造したステージを繁栄させる

チャレンジしてきたことを制御し調和を図っていく。広げすぎて手が回らなくなった部分は思いきって手放す。気がついている問題を後回しにせず、勇気を持って解決するために取り組む。

秋1　テーマ＝自分と流れを信じて結果を受け入れる

去る者追わず来る者拒まず。起きる現象を幸不幸で捉えるのではなく、すべてはこのタイミングで得るべき収穫だと受け入れる。意図しなかった結果は自分の成長のための栄養として目をそらさず受け入れ、自己評価以上の成果も遠慮せずに受け取る。

秋2　テーマ＝直感の声に耳を傾けて知恵を手に入れる

目の前に起きている成果や課題に落ち着いて向き合う。必要と感じた勉強や趣味や資格取得に手をつけてみる。負担にならない範囲で、気がついたこと、やってみたいことを、気持ちに素直に片っぱしからやってみる。

秋3　テーマ＝目先の判断にとらわれず、いまこの瞬間を楽しむ

思い込みや打算計算を捨てて、流れに身をまかせる。自分の無限大の可能性を信じて、目の前に起こる現象はすべて必要なことだととらえる。人生という一度きりしかない旅のなかで、意図しない必然の出会いを楽しみ、味わっていく。

「自分年表」をつくって、人生を振り返ってみる

「春夏秋冬理論」を人生に活用しようとするとき、ポイントになるのが「自分年表」を書いてみることです。現在からスタートして、過去に遡《さかのぼ》って人生を振り返ってみる……、一見、なんでもなさそうなことですが、実際にやってみるととても奥深い作業であることに気づくでしょう。

最初のうちは、思い出せない部分も多く、なかなか年表が埋まらないかもしれません。それでも何度も書いていくうちに、その時々によって思い出す部分があり、過去の出来事がひとつの物語になっていくのを感じることができるはずです。

「自分年表」を書くときには、入学、卒業、就職、転職、結婚、出産など、思い出しやすいイベントから書きこむのがおすすめ。また、友だちや恋人、先生など、印象に残っている人との出会いなども思い出しやすいのではないでしょうか。

思い出せない部分は、無理に思い出す必要はありません。自然の流れのなかで思い出したとき、書けるようになったときに書けばいいのです。

「自分年表」を書いてみると、過去の出来事に対する思いや受け取り方も変わってきます。

つらかったこと、苦しかったことも、春夏秋冬の流れのなかでは、すべて意味のある過程だったと思えることで、自分の人生を肯定的に捉えることができるようになるでしょう。
「過去は変えられない」と言いますが、「春夏秋冬理論」を理解することで、「過去に対する見方」を変えることができるのです。

「自分年表」の書き方

①現在から遡って、「年」に西暦を記入し、次に自分の年齢を記入する。
この時点では、春夏秋冬の季節は記入しないこと。

②出来事の欄を「仕事・学校」「個人・家庭」「その他」など、自分にとってのジャンル分けをする。

③人生の転機・環境の変化を記入する。
・入学、卒業
・就職、転勤、転職、起業
・結婚、離婚、同居、別居
・引っ越し、長期の遠隔地赴任

④印象的なエピソードを記入する。
・表彰、受賞、昇進
・仕事やコミュニティで役職につく
・事故、事件、病気、懲罰、トラブル

⑤出会った人・夢中になったこと
・恋愛（出会い、別れ）
・家族（出産、離別）
・影響を受けた先生、上司
・セミナー、資格、習い事

⑥春夏秋冬の季節を記入し、起こった出来事と季節の流れについて検証してみる。

●名前

出来事	

●生年月日　　　年　　月　　日　●生まれの季節

春夏秋冬	年	年齢	

※年齢はその年に迎える満年齢を記入します。

春夏秋冬サイクルがわかれば、未来を描くことができる

「自分年表」を書いて、過去から現在までの人生の流れがわかったら、次は未来に向けての「春夏秋冬理論」の活用です。

春夏秋冬サイクルは、いわば未来予想図のようなもの。過去の自分の季節の流れを知ることで、自分の季節の過ごし方がわかるようになります。よかったことも悪かったことも、すべて含めて未来への計画に活かしていくことができるのです。

また、未来への計画を書くときには、大きな季節サイクル（12年）と小さな季節サイクル（12カ月）の2つの視点から考えてみるといいでしょう。

まず12カ月のなかでの計画を立て、さらに12年間という長いスパンで取り組みたいテーマの計画を立てていくのです。

12カ月での春夏秋冬の流れは、毎年変わりませんから、決まった時期に計画を立てることを習慣にするといいでしょう。

12年間での計画を立てる場合には、次の秋にどんな収穫をしたいのかをイメージして、

冬1年目からスタートするのがおすすめです。
もしくは、自分が「生まれた季節」からスタートして計画を立てるという方法もあります。

毎月の季節に合わせて、
12カ月間の年間予定を考えましょう！

月	季節	テーマ	プラン（やりたいこと）
月			
月			
月			
月			
月			
月			
月			
月			
月			
月			
月			
月			

「春夏秋冬理論」での季節の切り替わりは「節気」

春夏秋冬のサイクルは、「冬」「春」「夏」「秋」と巡っていき、それぞれの季節には、年単位では「冬1年目」「冬2年目」「冬3年目」というように、1年目から3年目まであります。月、日、時間の季節も、同じように巡っていきます。

では、その季節の切り替わりポイントはどこになるのでしょうか。

一般に、1年の始まりは元旦（1月1日）で、月の始まりは1日だと考えている人が多いはずです。けれど、東洋占星学を取り入れている「春夏秋冬理論」では、年や月の切り替わりは「節気」だと考えます。

つまり1年の始まりは、「立春」からで、毎月の始まりも各月の「節気」になるというわけです。

これは12年や12カ月で春夏秋冬サイクルを見ていくときには、大きなポイントになります。12年や12カ月での計画を立てる際にも必要ですから覚えておくようにしましょう。

節気

春	立春（りっしゅん）	2月4日頃
	啓蟄（けいちつ）	3月6日頃
	清明（せいめい）	4月5日頃
夏	立夏（りっか）	5月6日頃
	芒種（ぼうしゅ）	6月6日頃
	小暑（しょうしょ）	7月7日頃
秋	立秋（りっしゅう）	8月7日頃
	白露（はくろ）	9月8日頃
	寒露（かんろ）	10月8日頃
冬	立冬（りっとう）	11月7日頃
	大雪（たいせつ）	12月7日頃
	小寒（しょうかん）	1月5日頃

※「節気」とは、「二十四節気」のこと。「二十四節気」は、「十二節気」と「十二中気」がありますが、「春夏秋冬理論」の切り替わりポイントになるのが「十二節気」です。
また、「節気」の日は、その年によって変わることがあります。

第3章

「生まれた季節」から自分の情報を知る

「生まれた季節」は、東洋占星学と西洋占星学の融合

「春夏秋冬理論」での「生まれた季節」は、生年月日によってわかります。これは従来の占いと同じですが、理論や解釈に東洋占星学と西洋占星学を融合させているところが、まったく新しい視点。

「生まれた季節」は、その人の人生が始まった季節です。「春夏秋冬サイクル」は、「冬」からスタートしますが、個人の人生は必ずしも「冬」から始まるわけではありません。

また、「生まれた季節」は、「冬生まれ」「春生まれ」「夏生まれ」「秋生まれ」の4パターンですが、さらに詳しく見ていくと、次のようになります。

「冬生まれ」⇩冬1年目生まれ、冬3年目生まれ
「春生まれ」⇩春2年目生まれ
「夏生まれ」⇩夏1年目生まれ、夏3年目生まれ
「秋生まれ」⇩秋2年目生まれ

これは巡る季節の法則で、「冬」と「夏」には1年目と3年目の生まれの人があり、「春」と「秋」には、2年目の生まれの人がいるということです。

自分の生まれた季節を知ることから始めよう

まず最初に、「春夏秋冬理論」のホームページ（http://www.seasons-net.jp）で、自分の生まれた季節を調べてみましょう。

自分の生まれた季節がわかって、どう感じましたか？

「春夏秋冬理論」を知らなくても、「意外にそんな感じがする」、「実際に生まれた季節よりなんかしっくりくるような気がする」と思った人が多いのではないでしょうか。

この感覚がけっこう大切なところでもあり、人間のすごいところでもあるのです。

それでは、少しずつ季節のもつイメージを明確にしていきましょう。

だいぶ前になりますが、『四季の歌』という曲がヒットしたのを知っていますか。何人もの歌手が歌っているから、リアルタイムでなくても、聞いたことがある人は多いはず。

私も驚いたのですが、この歌の歌詞が、その季節生まれの人の性質や気質をズバリ言い表しています。

（冬）冬を愛する人は　心広き人
　根雪をとかす大地のような　ぼくの母親
（春）春を愛する人は　心清き人
　すみれの花のような　ぼくの友だち
（夏）夏を愛する人は　心強き人
　岩をくだく波のような　ぼくの父親
（秋）秋を愛する人は　心深き人
　愛を語るハイネのような　ぼくの恋人

（荒木とよひさ作詞・作曲『四季の歌』　ＪＡＳＲＡＣ承認番号１５０４３７７―５０１）

どうですか？　なんとなくわかる気がしませんか。この歌が大ヒットしていまでも歌い継がれているのは、けっして偶然ではないと思うのです。つまり、実際の季節のイメージと、「春夏秋冬理論」で割り出した「自分が生まれた季節」のイメージは、けっして無関係ではなくて、リンクしているということ。

では、次は物事に対して、どう考え、どう行動するかを、自分が生まれた季節ごとに見ていくことにしましょう。

〈冬生まれ〉 楽観的展開型…………自己責任能力が高く、自分をコントロールできる。

〈春生まれ〉 理性的目標設定型……知的コミュニケーション能力が高く、思想的である。

〈夏生まれ〉 現実的目標設定型……実利的・実際的な能力が高く、確実で信頼性がある。

〈秋生まれ〉 反応的展開型…………反応能力が高く、インスピレーション（霊感）や気持ちを重視する。

「ああ、けっこう当たっているかも」と思った人が多くなってきたはず。

ただし、季節ごとのイメージをつかんでも、それだけでは実際の生活のシーンでは使えません。

このあとのページでは、あなたがどんな性質や傾向を持っているかについて、5つのテーマに分け、より詳しく具体的に解説しています。自分の項目だけでなく、自分の周りの人たちの項目もあわせて読むと、季節ごとのイメージの違いがより明確になり、「春夏秋冬理論」の確かさに気づくことになるでしょう。

冬生まれ

冬生まれの人は、自分を信じ、強い意志のもと、
責任感の強い愛と勇気によって自己と他者の資源を引き出し、
組織を創り、権威のあるエネルギーをもって支配する。
その指導力とバイタリティにおいて、
周囲を巻き込み、信頼し、力を集結させ、最高を探求し、
人生の目的を完遂する統治者であり
「ゼネラルマネージャー」である。

性格と人生

自分を信じ、他人を信じて、あえて厳しい道を選び、最高峰を目指す

冬生まれのあなたは、澄み切った冷たい空気のなかに悠然とたたずむ雪山のように、凛《りん》とした魅力にあふれています。

パリッとした清潔感があり、颯爽《さっそう》とした印象を与える人。

困難にあってもなんとかなるさと、無理をせずマイペースでいるあなたは、本当は苦しい状況にあっても、周りにそれを悟らせず、相手を安心させるような包容力もたっぷり持っています。

その内面には子どもっぽいやんちゃな感覚をいつまでも持ち続けていますが、一方では、責任はきちんと果たす大人の常識も兼ね備えているはず。

自分の可能性を信じる強い心を持っているため、誰にも到達できなかった最高峰にたどり着く最初の人になりたいというフロンティア精神もあるでしょう。

また、あなたは誇り高い自信家でもあります。ぬるま湯につかったような安易な生き方には背を向け、厳しい社会に自ら飛び込む勇者と言えます。

そのため、失敗も経験しますが、そこから何かを学び取り、次に活用していく賢さがあります。

冬生まれ

あなたは、実力や能力を認められることに喜びを感じるため、あなたを信じてくれたり、認めてくれたりする環境や仕事に巡りあうと、そこに骨を埋める覚悟で打ち込む一途なところもあります。

人を信じるエネルギーも強大で、他人の善意を疑いません。そのかわり、裏切られるとひどく傷つき、それがきっかけで社会不信や人間不信に陥ることもあるかもしれません。しかし、傷ついてもそのまま逃げ帰るようなやわではありません。あなたは、より強靭になってたくましくよみがえり、再び社会という険《けわ》しい山を登り始めるのです。なぜなら、あなたは社会にかかわり、影響を与える側でありたいという確固たる野心があるからです。

独立心も旺盛で、一国一城の主《あるじ》に憧れます。ただ、こうありたいという理想の自分像に縛られてしまうと、人前に出れば出るほどストレスがたまることになります。

肩に力を入れるより、いつもの自分でいることを心がけること。幸運なことに、あなたの周りにはタイミングよく協力者が現れます。より多くの人の心からの協力をあおぐことで、幸せな人生を歩むことができるでしょう。

才能と可能性

時代の流れを読み、やりがいと使命感を覚える仕事で花開く

先を見通し、予感として時代の流れを察知して、いち早く行動を起こせる冬生まれ。前人未踏の峻烈《しゅんれつ》な冬山に最初の一歩を踏み出し、そこに眠っていた財宝を手に入れることができるタイプです。

冬生まれは、やりがいや使命感を覚える仕事に意欲を燃やします。失敗を恐れず、失敗さえもゴールまでの一過程と捉える勇気と胆力を持てれば、持ち前の開拓精神が目覚めるでしょう。

また、要領よくポイントをおさえて仕事のコツをつかむため、早めにひとり立ちしたり、独立や起業を考えたりすると、独自の個性や能力を伸ばせます。

逆に、いつまでも人の下にいることに甘んじたり、方針が合わない会社やそりが合わない上司の元に長居したりすると、成功のチャンスが遠のくでしょう。

冬生まれにとっては、やりがいも使命感も覚えない仕事で、なおかつ長期にわたる下働きは、もっともよくない働き方のパターン。

「ここは私の居場所じゃない」「まったく大事にされていない」「単なる歯車の一個だ」と感じたら、早めに次の道を模索すべきです。

冬生まれ

あなたの成功ポイントは「慎重な計画」と「正念場の大冒険」。自分の人生に革命を起こすといった意欲で仕事に立ち向かえば、あなたの目の前に道は必ず拓けます。

ただ、あなたは仕事に熱中すると、思考が自己中心的になり、どうしても自分の利益を優先させがちな面があります。

周囲の人たちと一緒に成功をつかむつもりで、応援してくれる人や友人、知人と共に手を組んで何かをやり遂げようとしたときに、あなたは天を味方につけることができるでしょう。

冬生まれには、華やかな仕事が似合います。

トップに立って業界を牽引することや、正統派の後継者としても有能です。仕事の処理能力が高く、学究肌なので、官公庁や大手企業のなかで自分のポジションをつくり上げ、活躍することもできるでしょう。

また、時代のオピニオンリーダーとして強いメッセージを訴えるクリエイティブな仕事も適職。細かいことを気にせず、大局を見て、周囲の人々のエネルギーや才能を認め、それを活用しながら自分自身の仕事を楽しめる領域にいけたなら、成功できるでしょう。

金運と財運

自分に集まった信頼と実績によって、大きな財運を招きよせる

自分の可能性を信じる冬生まれは、概して働き者が多いでしょう。自分の信念に従って働けば、その働きに応じて金運が開けると、心のどこかで信じているからです。

冬生まれは、お金そのものを追い求めるというより、いかに自分で稼ぎ出すか、いかに社会に自分の力で貢献するか、ということのほうに関心が強いのです。

その結果としての報酬がお金だ、という認識を持っています。

そして、誠心誠意物事に取り組む冬生まれに集まる「信頼」と「実績」こそが、金運を生み出す原動力となるのです。

そのことが年月の積み重ねとともに、「名誉」や「栄光」と一緒に大きな財運を招きよせることになります。

冬生まれは、自分の力で稼ぎ出そうとする根性がありますが、同時に「見初《みそ》められ運」もあります。

つまり、実力者や権力者から心意気や人間性、忠誠心などを高く買われ、若い頃からビジネスをまかせられる、あるいは重要なポストを与えられることで高収入を得られることも多いでしょう。

冬生まれ

ありません。

また、文字どおり「婿入り」、「嫁入り」を通じて、ビッグマネーをつかむことも少なくありません。

ただし、冬生まれ自身は、何かに強く執着することなく、のどかに行き当たりばったりで生きているうえに、金銭管理が大雑把でずさんだったりするにもかかわらず、その精神の輝きに魅せられた人に、お金で救われる運があるのです。

だからこそ、その運を最大限活かすためにも、人の情を踏みにじったり、自分だけが得しようと思ったりしてはいけません。

恩を仇《あだ》で返すような振る舞いや、傲慢なほどの自己主張で、周囲に無理な我慢を強《し》いていないか、ときどき冷静になってチェックする必要があるでしょう。

また、金銭管理が大雑把なわりには納得のいかない形で自分のお金が消えることは容認できないところが。

旅行やレジャーなど、自分が楽しいと思えることに使いきってしまうのはかまわないのですが、基本的には、得たお金を確実に増やすことが絶対条件になります。

見込み以上の損が出る可能性を含む株や投資よりは、安全性や確実性の高い方法で、財産をしっかり守るといいでしょう。不動産の購入は大吉です。

恋愛と結婚

恋には意外に奥手。パートナーと共に成長できる関係がベスト

バイタリティーあふれる冬生まれですが、恋愛に対しては意外と奥手です。心のなかは燃え上がっていても、プライドが邪魔をして、最初から愛を伝えることは躊《ちゅう》躇《ちょ》してしまいます。

もともと冬生まれは、人をひきつける要素を多く持っていますので、恋愛における人気は高いでしょう。

それにもかかわらず、「もてない」という自覚がある場合は、恋のガードが固すぎて、自分の恋心がまるで伝わっていないか、相手にあなたの心につけ入るスキさえ与えていない場合が多いでしょう。

若い時代の恋の数は多いほうがいいので、恋愛にオープンになりましょう。

おつき合いが始まると、情熱的なラブストーリーが展開するはずです。

熱しやすく冷めやすい傾向はあるものの、恋によって生み出されるエネルギーを仕事や人間関係に効率よく活用できるでしょう。

交際後は、恋人に何でも相談することを心がけることが大切です。

冬生まれは、向上心と独立心が特別強いため、自分の環境や生活を成長のために、一変

冬生まれ

させてしまうことがあります。

しかも、迷っているとき以外は、人のアドバイスを必要としないでしょう。

そのため、大きなことから小さなことまで独断決行してしまう傾向があります。恋人にもかかわりがあることなのに、一言の相談もなく、大きなことを決められてしまうのは、恋人にとってつらいことだと認識しておきましょう。

結婚は独立心が旺盛な冬生まれだからこそ、甘えたがりや寂しがりの人がパートナーだと、結婚生活の継続が難しくなります。

やはり、結婚していても相手に依存せず、ひとりでたくましく生き抜く力や根性を持っている人と、お互いの成長を応援し、協力し合いながら生きる道を選ぶのが正解です。

パートナーとのあいだに起こったトラブルは、早期解決が基本。正直な意思の疎通があれば、どんな問題も乗り越えられるはずです。

また、冬生まれのSEXは、屈託なく明るいでしょう。そして体力の限界、エネルギーの限界に挑《いど》むようなパワフルなものになります。

冬生まれにとってのSEXは、精神的な浄化やエネルギー交換の場でもあるのです。

過度の楽観主義は要注意。体のサインを見逃さないこと

冬生まれ

冬生まれは、根拠がなくても自信家で楽観的でいられるため、病気になったとしても、たぶん何とかなるだろうと、あっけらかんと受けとめるタイプです。

医者から病状を告《つ》げられても、「もうそんな病気になる年齢なんだ」とか、「やっぱりそこが悪かったのか。痛みの原因がわかってよかった」と軽く考えてしまいがちです。

楽観的なのも度が過ぎると、治そうとする意欲が薄弱になりやすいので、早い段階で真剣に治療に取り組むようにしましょう。

また、冬生まれの根拠なき自信は、定期的な健康診断を遠ざける一因に。健康管理は自己責任の範疇と考えて、定期健診はきちんと受けるようにしましょう。

体質的には、姿勢の悪さ、生活習慣からくる目・肩・腰の不調に注意を。また、炎症を起こしやすい体質なので、アレルギーやケガの化膿に気をつけましょう。

冬生まれは、エネルギッシュな行動派なので、仕事でもプライベートでも、無意識のうちに無理を重ねてしまうことが多いでしょう。

体に負担がかかりにくいスケジュールの組み立てと、その実行が冬生まれの健康を守るポイントになります。

春生まれ

春生まれの人は、内なるパワーのもと、
洞察力が鋭く、物事を理解して、本質を見抜く。
知識と理論を用いて、真理を明らかにし、
共感した人々へ、そのメッセージを伝え運ぶ。
未来のために、率先して破壊し、次なるプランを立て、
夢を想像し、創造する人生の魔術師であり
「オールラウンドプレーヤー」である。

性格と人生

深い洞察力で物事の本質を見抜き、気配りしながら真理を伝える

春生まれのあなたは、命が芽吹き始めた大地を渡る春風のようなさわやかな魅力があります。

物腰がソフトでスマートで、そこはかとない品が漂う人です。

楚々とした印象を与えるあなたは、どんなときもあわてず、騒がず、取り乱さず、静かにそこにたたずみ、サラッとした愛情で人を包み込む不思議な優しさをたたえています。

いつしか相手の心の中に入り込み、あなたという人間を、相手に強く印象づけてしまうでしょう。

人から頼まれごとをされると「ここで私が引き受けなくては」と、多少の無理を押してでも、期待に応えようとする気風のよさと責任感もあります。

人の役に立つことにひそかな喜びを感じるあなたは、小さな親切からボランティアまで、あたりまえのように実行し、相手にお礼を言わせる間もなく、風のようにその場を立ち去るような奥ゆかしさがあります。

なぜなら、さりげなく気配りができるあなたは、その場の空気を読み、そこでもっとも適した振る舞いを選択できる知性を有する人だからです。いま、誰がどんな立場にあって、

春生まれ

何を求めているかを瞬時に見向く洞察力があるのです。

また、誰とでも話題を合わせられる機転が利くため、その場のムードを壊すことなく、自然に会話に入っていけます。

けっして目立つことはないのに、話題を豊富に提供し、あたかもそこに春風が通り過ぎたかのように、みんなの心をリラックスさせたり、楽しませたりする能力があります。

これは、あなたの旺盛な好奇心のなせる業《わざ》でしょう。そう、あなたはさまざまな分野への好奇心があります。

さらに集中力が高いため、ひとつの道を志せば、比較的短時間で、その道の達人レベルの実力を身につけられます。

そして、いったん目指したラインに到達すると、別の何かに目標をシフトして、その道でも達人レベルを目指していくでしょう。

ただ、自分が満足すると、いままであんなに熱中していたことへの興味がパタッとなくなることもありそうです。

そのとき、すでにあなたの意識は、新たな未来へと向かい、その方向に集中しているからです。

才能と可能性

自分の能力が活かせる仕事で、調整役としての力を発揮する

理念に基づいた総合的なビジネスの発想ができる春生まれ。

春風のように、自分にかかわる全員をふんわりと優しく包み込みながら、自分のカラーをソフトに打ち出して仕事を進めていくタイプです。

ソフトな人当たりでありながら、会社であれば各部署の、チームであれば個々の個性や動き、能力を総合的に鋭く判断できるでしょう。

全員が目指すべき最終的なゴールのビジョンを思い描き、そのうえでどうすればそれが実現できるかを考えて実行できる実務家です。

ただ、シビアな目で現実を見据えることができる半面、理想家タイプでもあるので、相反する思いを自分のなかに常に抱えています。

そのため、言うことがコロコロ変わるのはまれではなく、ためらいなく朝令暮改《ちょうれいぼかい》の指示や意見を出してしまうこともあるでしょう。

組織のなかでは複数の立場を理解できるので、調整役として高い能力を発揮できるでしょう。

春生まれは、自分の特殊な能力や特技を使える仕事に生きがいを感じます。

春生まれ

技能も知恵もアイデアも、自分が必要とされていないと思える仕事のためには発揮できません。

常に自分の豊富な知識や経験、技能をフルに活用し、なおかつ新しい情報を仕入れ続けてこそ、バランスのよいレベルの高い仕事ができるのです。

春生まれは、感受性が豊かで変化に聡《さと》いため、大きな組織のなかで個性にあったポジションにつき、全体を調整する立場として活躍をするか、個人的な趣味や特技をビジネスに転換するスキルを磨くといいでしょう。

秘書や通訳、サービス業なども適職です。芸術的な分野での活躍も期待できます。

もしもあなたが、職場への不平・不満が多く、上司の欠点ばかりが目についてしまう、そんな環境にいる場合は方向転換を図りましょう。そこにいても、あなたの視野は広がらず、実力が磨かれることもまずありません。

春生まれが現代社会に生き、仕事をする意義を感じられる個性的なビジネス環境を求めていけば、おのずと道は拓けます。

天性の個性や能力に情熱を持って磨きをかけることで、一世を風靡《ふうび》することも可能です。

金運と財運

株や投資の才あり。儲けは人と分かち合うほど、より豊かになる

知的で研究心が旺盛な春生まれは、人より一歩先を見通す先見の明があります。おまけに頭の切り替えが早いうえに、頭脳プレーがすこぶる得意。

お金をいかに生み出し、増やすかという方法論を論理的に組み立て、実行できる能力は人一倍あります。

また、スピーディーに変化する市場の動向に敏感に対応できるため、株や投資で儲けを生み出せる可能性も高いでしょう。

そのため、春生まれがその気になれば、有数の資産家になることも、実は難しい話ではありません。

ただ、お金そのものにはあまり執着せず、お金を増やすことにクールな視点を向ける春生まれも多いでしょう。

生活基盤がしっかりしているなら、あえて株や投資で自分の神経をすり減らすより、人生の本質を探求したいと考えるからです。

類《たぐい》いまれなシャープな切れ味のアイデアマンでもある春生まれは、直感と独自性を活かし、その発想によってビジネスを軌道に乗せることもできるし、経営者として財務状態を

春生まれ

コントロールして、会社の業績を伸ばすこともできるでしょう。

　こういった資質を考えると、若い頃は多少お金の苦労をしたとしても、豊かな晩年が約束されているも同然です。

　春生まれで、求めているのにお金に恵まれていないとしたら、それはしっかり頭を働かせていない証拠。

　春生まれが「お金を稼ぐ」ことにスイッチを入れれば、そのとたんに頭がクルクル回転を始め、アイデアが豊富に湧き出すでしょう。

　さらに、「お金を稼ぐ」ことに対する罪悪感を拭《ぬぐ》い去ることもポイントです。

　それをしながら、人脈を広げると同時に、行動のテリトリーをもっと広げると、自然に金脈を発見できるはず。

　もし、春生まれの人がお金を失ったり、つかみ損《そこ》ねたりするとしたら、周囲から頭の回転の速さを疎《うと》んじられたり、クールで理論的なために、かえって信用が置けないと判断されたりする環境にあるときです。

　また、金銭に極端にケチになり、周囲の反感を買うようになると、金運にあっさり見放されるので注意が必要です。

　春生まれは、お金を得れば得るほど、風のように周囲にばら撒き、多くの人に夢と幸せをもたらすほど、さらに豊かになれるでしょう。

恋愛と結婚

恋もクールであっさり。対等な関係を築ける相手が理想的なパートナー

爽やかでクールな春生まれは、恋愛も春風のようです。

好きな人の好みをさりげなく調査して、いつの間にか相手の心に入りこんでしまうでしょう。

春生まれは、恋愛のドロドロとした嫉妬や独占欲をあまり持っていません。うまくいけばうれしいけど、うまくいかなかったらしょうがない、とあっさりしたもの。あえて深追いをしてまで自分を好きにさせようという発想が希薄なのです。

愛を告白をするなら、さりげなく自然に、あなたの気持ちが伝わることがベスト。

相手がにぶくて、なかなか好意に気づかない場合は、ふだんの会話のなかに告白のキーワードをたくさん忍び込ませて、だんだんその気にさせるとよさそうです。

そんな春生まれの理想の交際は、対等な関係。

どちらかが一方的にリードするのではなく、常に話し合いや譲り合いでスムーズに物事が流れている状態を好みます。

お互いを気遣い合いながらも、それぞれの自由を尊重して、のびのびと人生を楽しみ、新鮮な知的会話や活発な意見交換ができる風通しのよい関係を望むでしょう。

春生まれ

結婚すると、恋愛中よりさらにお互いが一緒にいることにこだわりを持たなくなり、結婚生活以外のプライバシーにも深く踏み込んだりはしないでしょう。

また、広い交友関係のなかに、常に自分の結婚相手を紹介して歩くような必要性はほとんど感じません。

結婚のパートナーは、あくまで人生をともに伴走する人であり、生活を支え合う家族であって、すべてを知り合おうとか、いつもべったり一緒にいることには意味を感じていないのです。

春生まれのように社交的で、交友関係が広いと、結婚後でも自然と恋愛チャンスは増えます。

恋愛相手を別に求めても、結婚は結婚として、お互いの人生や仕事、趣味を尊重し、認め合い、信頼し合う関係として大切にしていこうとするでしょう。

SEXにはもともと好奇心があり、早熟です。

ロマンチックなムードを盛り上げるために部屋をセクシーに演出したり、コスチュームやシチュエーションにこることもあります。

健康と病気

神経の疲れやストレスに注意。心と体のバランスを上手にとること

春生まれ

肉体労働的なものより、頭脳労働的なもののほうが得意な春生まれ。神経が細かく、とにかくよく気を遣うので、人一倍神経をすり減らすことが多いでしょう。神経の疲れやストレスは旅行で気分を変えたり、いろいろな人と会って会話を楽しむことでずいぶん緩和されるはずです。

さらに、神経が過敏になっているときは、胃腸にダメージを受けやすいのも特徴。ストレスを緩和しようとして、過食や拒食、アルコールや薬物依存に走る場合もあるかもしれません。

また、仕事でも趣味でも何かに集中すると、体を動かすことを忘れがちになります。同じ姿勢を続けることによる腰痛、そして老廃物が蓄積することによる、腎臓の疲れが起こりやすいでしょう。

その一方で、健康に気を遣いすぎて、特定の食品を多量に摂取しすぎたり、逆に特定のものを避けすぎて、健康のバランスを欠くことがあります。

精神面の健康と、肉体の健康の両方のバランスをうまくとることが、春生まれの健康のポイントといえるでしょう。

夏生まれ

夏生まれの人は、天の啓示と純粋な愛のもと、
誓約と規律を守り、勇気を持って己に闘いを挑む。
目の前に起こるあらゆる障害を克服しようと、
技能を磨き、自己鍛錬に情熱を注ぐ。
その体験に基づいた真実の知恵により、
人生を確かに導く賢者であり、「プロデューサー」である。

性格と人生

愛と勇気と情熱で、エネルギッシュに人生を切り拓いていく

夏生まれのあなたは、太陽のようにすべてを包みこむあたたかい魅力があります。

独特の審美眼を持ち、掲げた目標に向かって、粘り強く努力していける人。

自分で体感したことや体験したことを信じ、人生を切り拓いていく高い志《こころざし》を持っています。

ただし、ただやみくもに前進していくだけではありません。

目の前に起きている現実をシビアに見つめ、具体的な対策を立てる冷静さと現実的な行動力も兼ね備えているでしょう。

困難があれば、実際的な計画的を立てて、正面からアタック。

簡単に解決できない困難な問題であればあるほど、骨身を惜《お》しまずコツコツ地道な努力を重ね、有効に前向きに解決しようとするはずです。

あなたは、解決への苦悩が深ければ深いほど、精一杯の努力をしている手応えを実感できるタイプ。

その実感が快感につながるため、人一倍の苦労でさえも、天性の明るさで気持ちよく受けとめることができるのです。

夏生まれ

どんな苦労も困難も、あなたにとっては目標というゴールへのひとつのプロセス。乗り越えて当たり前のことに過ぎないのです。

明るく楽しく、気力で苦労や努力を乗り越えるあなたが物事をあきらめるのは、できることをすべてし尽くしたそのあと。

やるだけやってダメだったものに対しては執着を残さず、さっぱり忘れて気持ちを切り替えることができます。

このように、しっかりと現実と目標を見据えて人生を歩むあなたは、公平な目で物事を判断できる人だという印象を与えるため、リーダーに推《お》されたり、相談を持ち掛けられたりすることが自然と多くなるでしょう。

とはいっても、あなたは単なるまじめ人間ではありません。

あなたには、守るべきルールと、破ってもいいルールの区別ができるため、ときにはハメをはずして人生を楽しむ大胆な一面もあります。

また、ユニークな感性を持っているので、場を明るく盛り上げる話題や、おもしろいジョーク、求められている情報をタイミングよく提供する頭のよさがあります。

人の長所や才能を見出し、育てることも得意なので、リーダー的な立場で全体を上手に統率していけるでしょう。

才能と可能性

どんな仕事でも全力投球で道を極め、オンリーワンの存在に

独立独歩でわが道を貫く強さがある夏生まれ。興味を持った仕事にはマニアックなほどの強い関心を示すでしょう。

そして社会に通用する一定水準の技術や能力を身につけるまでは、努力と集中力で粘り続けます。

修行中なら目的完遂まで、どんな苦行にも耐え抜くタイプ。

やがて、この業界にこの人ありと呼ばれる大御所へと、強く美しい変貌を遂げます。

夏生まれは、包容力あるやさしさと芯の強さ、そして細部にわたる気遣いと仲間を引っ張っていく統率力を併せ持っています。

全力投球で誠心誠意、心を尽くして仕事に取り組む姿勢は、老若男女《ろうにゃくなんじょ》を問わず、多くの人の信頼を勝ち取る要素となるでしょう。

自分の仕事に絶対的な自信を持っているため、職場で安易な妥協はしません。

やることをきっちりやって責任を果たすかわり、主張すべき権利もしっかり主張します。

中間管理職になると、上からも下からも助言を求められ、いつしか「行列のできる相談所」と化している場合もあるでしょう。

夏生まれ

夏生まれは、どんな業界、どんな職種についても、オンリーワンの能力を発揮できる存在になります。

ときに、金融や不動産、コンピュータ、医療関係など、実際的に社会と密接に関わっている仕事で能力を発揮します。

企業においては、ビジネスオーナー、企画・営業・マネージメントなど、人の上に立って采配を振る職種や、研究職・技術職が向いているでしょう。

また、商売も上手なので、オールマイティーに活躍することができます。

社会がどのように移り変わろうと、そのときそのときで、生きる道を模索する根性がすわっているのです。

実行力がダントツにある夏生まれは、多少のことでへこたれたりしませんが、改善の余地がなく、おもしろみのない仕事に携わったり、いやな人間関係のなかにいると次第に持ち前の活力が枯渇《こかつ》してしまいます。

そうなる前に、その環境を飛び出し、新しい道を探すべき。

あなたの前には、いくつになっても無限の可能性と、いくつもの選択肢があることを忘れないようにしましょう。

金運と財運

謙虚ささえ忘れなければ、ビジネスでの成功と高収入が約束されている

実利的、行動的な夏生まれは、目標に向かって確実に努力を重ねるストイックな人です。実は、金銭への執着はそれほど高くありません。

しかし、ビジネスを成功させたい、最高位にのぼり詰めたいという勝利欲求が高く、結果として金運がよくなり、お金に恵まれることになるでしょう。

努力に応じた収穫、つまり最小の労働により最高の収益が得られるように、あなたはビジネスをムダなく段取ることができます。

また、夏生まれは現実的な行動派でもあるため、具体的に効率よく、どんなことがあってもくじけない強さで行動し、収入をダントツに増やす道を切り拓くことが可能です。

そして収益を上げ、それを維持させる方法を見出す努力を惜しまないので、大金を手に入れるというよりは育て上げる感覚になるでしょう。

快楽享受タイプの夏生まれは、一度、大金を手にすると、収入に応じて生活や趣味嗜好が華美に傾きやすいのが特徴。

たとえ収入が悪化したあとでも、生活を収入の変化に合わせてシビアにコントロールしにくい傾向があるので、その点を踏まえておくことは重要です。

夏生まれ

また、苦労なく生まれながらに、大金を使える立場にある成功者の二代目、三代目は、親の残したお金をきれいさっぱり使い果たしてしまう場合もあります。

親とは違う時代の変化に合わせた、お金の生み方、増やし方を学んでおけば、使い果たしてしまった場合でも、また元気に明るく、不断の努力で財運を取り戻すことができるでしょう。

もともと働き者なので、チャンスをつかむのはうまいはず。

夏生まれが金運に見放されるとしたら、地道な努力を怠った場合や時代の変化に鈍感になってしまったときです。

成功パターンを踏襲することに安心していると、時代の変化や波に乗り損ねることがあります。

さらに、自分の判断ミスや過失を環境や人のせいにすると、人望を失い、金運もあなたの元を離れてしまうでしょう。

堅実なビジネス、謙虚な生き方が、結果として金運アップにつながっていきます。

恋愛と結婚

恋も情熱的でストレート。でも、相手を束縛しすぎるのは禁物

内に情熱を秘めている夏生まれは、ドキッと感じたその瞬間には、実は恋愛モードに突入ずみです。

好きな人のことで頭がいっぱいになり、他のことがいっさい目に入らなくなることもあるでしょう。

そして、テキパキと両想いという目的に向かって走り出すはずです。

恋のためなら何を犠牲にしても、誰に迷惑をかけても「だって好きなんだもの。仕方ない」と自分のえげつないまでの行為さえ、美化して正当化する傾向も。

慎重で用心深い夏生まれの告白は、何か相談ごとを持ちかけるような形でなら、自然に気持ちを伝えられそうです。

作戦を立てようとすると、かえってタイミングを逃がしたり、考えすぎて動けなくなったりすることもあるでしょう。

その隙に、他の人から彼や彼女を好きだと知らされて、泣く泣くふたりの関係を取り持つ羽目になることもあります。

恋の悲劇を避けるためには、失恋の恐れやプライドが表面に出てしまう前に、思いきっ

夏生まれ

て告白すべきです。

夏生まれは交際が始まると同時に、相手と一心同体の密接な関係になります。何かと世話を焼いたり、相手の仕事やプライバシーに細かく口を挟んだりすることも多いでしょう。

夏生まれにとっては当然の気遣いでも、相手によってはそれをうっとうしいと感じることがあるので、感情のコントロールと恋愛コミュニケーションをしっかりとることが必要になります。

結婚をすると、女性なら家庭にいれば主婦業に燃えますが、仕事を始めると、どうしても仕事に比重が傾く傾向があります。男性は文字どおり、仕事人間になりそう。当然、夫や妻をかまっている時間が少なくなるでしょう。

そこで、結婚生活を量より質でとらえることがうまくいかせる秘訣です。

一緒にいられるときは精一杯、彼をお殿様として、彼女をお姫様として祭り上げ、マメに世話を焼き、この世で一番大切にしていることを言葉と行動で示しましょう。

マンネリを感じ始めたら、先手で共通の目標を掲げ、二人三脚で走っていくといいでしょう。五感が敏感で、快楽に浸っていたい夏生まれのSEXは濃厚。楽しくかつセクシーに盛り上がるはずです。

また、快感への探究心が強いので、マニアックに走る傾向もあるでしょう。

健康と病気

仕事のし過ぎによる不摂生が危険。早期発見、早期治療が鉄則

夏生まれ

夏生まれは、バイタリティがあり、常に力いっぱい物事にぶつかっていくタイプです。子どものころは、勢いあまって高所からの飛び降りや自転車の転倒、スポーツで骨折や大きなケガを経験しやすいでしょう。

また、仕事や遊び、恋愛にも本気で体当たりします。何かに夢中になっているときは、寝る間もなく熱中するため、体調のバランスを崩してしまうことも。

定期的にほどよく休み、よく睡眠をとって体をいたわることが大切です。

多少の体調不良やケガを気にせず、ちょっとのケガや病気は気合で治せると信じている場合もありますが、何事も早期治療が基本。せめて体調が悪いときには病院へ行き、また定期的な健康診断は欠かさないようにしましょう。

体質的には、のどがウイークポイント。何事も限度を越えやすい性質なので、しゃべりすぎ、お酒の飲みすぎ、タバコの吸いすぎがのどを刺激しやすいので気をつけましょう。

また、スポーツや趣味、仕事で体を徹底的に酷使することをいとわないので、特定の部位を傷めやすい傾向が見られます。行きすぎた行動を、時々健康管理という視点から振り返ることが、夏生まれの健康維持のポイントになります。

秋生まれ

秋生まれの人は、無限大なる可能性と叡智のもと、
自己を解き放ち、寛大で、霊的な創造をする、
あるがまま自由な、知恵のある愚者である。
周囲に思いやりを振りまきながら、
ただ独り、何ものにもとらわれず、
真実の楽しさを求める使命を果たすため、
人生を旅する癒し人であり、「アーティスト」である。

性格と人生

独自の感性とひらめきで、自分だけの世界を創りあげていく

秋生まれのあなたは、熟した果実のような味わい深い魅力をたたえています。

個性的で、独自の感性とひらめきがあり、感受性がとても豊か。

繊細でつかみにくい印象を与えるあなたは、人の気持ちに敏感で、争い事を好みません。

何事も愛や人情で解決できると信じる天真爛漫《てんしんらんまん》な人です。

人から頼まれ事をされると、できるだけ自分が譲歩して、やさしく相手を受け入れようとします。

意見の食い違いも、なるべく相手に合わせる柔軟性な姿勢を見せるでしょう。

しかし、心のなかでは好き・嫌い、やりたい・やりたくないがはっきりしていて、口では「イエス」と言っているのに、行動がかたくなに「ノー」を主張してしまう、ちぐはぐな一面を露呈することもありそうです。

柔軟なようでいて、しっかりと自分の考えを持っているため、実は頑固でマイペース。

人生を現実的な性別、役割や責任で縛られることをよしとせず、社会の仕組みや常識的な発想、しがらみなどから解き放たれて自由でいたいと考えます。

物事の見方・考え方がそういった点で人とは違うため、オリジナルの発想や生き方を次々

秋生まれ

と思いつきますし、それらを抵抗なく実行に移しやすいでしょう。

ただ、ひとつの仕事や趣味・特技に夢中になると、その世界に没頭してしまう傾向があります。

その結果、視野が狭くなり、生活の全体的なバランスを欠いてしまいがちでしょう。

また、秘密主義であると同時に完璧主義なので、自分だけの心の世界やプライベートなスペースに、なかなか他人を入れない傾向が強いです。

愛する人やパートナーにさえ、自分の全貌を明かすことは少ないでしょう。

あなたは、自分のビジョンを完成させるまで、誰にも邪魔されずに、ひとりで作業に没頭していたいアーティストです。

また、神秘的なことや創造的な事柄に強い興味を示し、宗教や芸術、思想、精神論など、人の魂を揺さぶる感動に心ひかれ、感銘を受けた人や主張、作品などに陶酔しやすいとも言えます。

そこに無限の可能性や人類の英知を見出し、自分の未来のビジョンを重ねることでしょう。

才能と可能性

鋭い直感と感性を活かせる創造性の高い仕事で活躍できる

物事を深いところで感じとり、敏感に反応する秋生まれ。

社会に出る前に、独自のスタイルや特技を磨き上げて確立させると、社会生活における実践的な武器として、それらを有効に使えるでしょう。

秋生まれは、インスピレーションや偶然性をビジネスにおいても重要視します。

仕事の好き嫌いや選《え》り好みが激しく、いいと感じたビジネスや人物をとにかく深く追いかけるため、生産性や経済効率などはあまり優先しようとしません。

また、気まぐれで思い込みが強いため、現実社会になかなかなじめないことも特徴のひとつ。

仕事における対人関係はわかりやすく、好きな人、信じたい人には好意的ですが、そうでない人には興味さえ示そうとしないでしょう。

組織のなかに入ると、あなたは「計算」も「打算」も働かせる意思がないため、浮いてしまいがちです。

それが許される環境に恵まれたり、それを認めてくれる人物に守られたりすると、がぜん輝いて、独特の感性を発揮し、仕事に前向きに取り組むようになるでしょう。

秋生まれ

秋生まれは、見たいものだけを見て、信じたいものだけを信じていたいため、創造性の高い仕事や状況分析において、高い能力を発揮します。

また、ヒラメキや感性、独自の視点による情報収集能力や教養の素地がなければ、活躍が難しいジャーナリストやマスコミ関係も、秋生まれの特徴が生きる職種。

特異な才能をもってして、アーティストや象徴的存在として、そこにこの人がいることに意味があるといった役割もぴったりです。

そして現実処理能力のあるよきビジネスパートナーやビジネスのメンターに恵まれれば、実社会において頭角を現わすことも可能。

ただし、秋生まれは一般の人とは感性や考え方が違うため、特殊な世界に生きようとすることがあるでしょう。

そのため、往々にして本業だけで生活していくのが困難な状況に追い込まれることもあるかもしれません。そのときに、どう覚悟を決めるかが大切な岐路になります。

そうした際にこそ、直感にしたがって堂々と生き方を決めてください。それによってあなたの未来が拓けます。

金運と財運

努力せずに周りから自然にお金が集まる、天性の金運の持ち主

自分の美学に忠実で、争い事を好まない秋生まれは、お金に関して執着しません。人がお金を持っているのに自分にはなくても、あまり切実に気にしないようです。

金運を呼び寄せようという意思があいまいで、懸賞に当たるといいな、宝くじを買ってみようかな、と他力本願なところもあります。

なければないなりの生活を楽しむことができるし、あればあっただけ使ってしまうのが秋生まれの特徴。

ただ、一念発起《いちねんほっき》して「これをやりたい」という目標が見つかると、周りの人たちが奔走《ほんそう》してくれるような得なタイプです。

秋生まれは資金調達のためにあくせく努力をしなくても、自然に目標金額を必要なだけ調達できてしまう、天性の金運の持ち主と言えます。

それは常日頃、周囲の人に寛大でやさしく接する、秋生まれ独特の損得を考えない人心掌握術が生きてくるからでしょう。

ビジネスを立ち上げれば、あなたの人柄にほれた！という顧客や応援団がついて、資金繰りや運用についても何くれとなくフォローしてくれるはず。

秋生まれ

だから、若い時代は貯蓄を考えず、自己投資にお金をまわし、自分自身のなかにさまざまな知識や情報を蓄積すべきです。

中年期以降、それらがお金を生むための、尽きることのない資源となるでしょう。

また、秋生まれは一攫千金のごとく大金を手にしたかと思うと、一気に失ってしまうことがままあります。

でも、苦しいときほど秋生まれは、深い学びを得たり、最高のインスピレーションを受け取ったり、すばらしい人物に助けられる運に恵まれるのです。

秋生まれにとってお金のピンチは、逆に大きなチャンスとなるでしょう。

秋生まれがお金を守ろうと考えると、秋生まれ独特の輝きが失われてしまうことに。「金は天下のまわりもの」と、おおらかに構えていれば、チャンスは必ずやってくるはずです。

金運に見放されるとしたら、恵まれた環境におごってしまったとき。

周囲の援助を得られないときは、自分の行いを振り返ってみましょう。

自分中心の発想で、周囲の人を困らせていることがあるはずです。

そこに注意すれば、浮き沈みが激しいながらも、秋生まれには常に金運がついてまわるでしょう。

友達感覚の恋。パートナーをないがしろにすると、悲しませることに

情緒的で感情豊かな秋生まれの恋は、思いがけないときに、思いがけないところで始まるでしょう。

接点などないはずの人と偶然に出会って思いを寄せたり、個性的な人にひかれて、いきなり押しかけて同棲を始めたりする場合もあります。

誰とでも仲よくなれる秋生まれは、恋人と異性の友だちの区別があいまいです。告白をするなら、本気であることをちゃんと伝えるべきでしょう。あまりにも友だちニュアンスだと、相手から「からかってる」と思われてしまうこともあります。

また、複数の異性を同時に愛することが普通にできる、恋多き秋生まれですが、本命を一人に絞ったら、その人を悲しませるようなことはしないことです。

あなたは交際がスタートしても、恋人と異性の友だちの違いはあまりなく、みんなで楽しく過ごせればいいのではと考えます。

しかし、恋人とふたりのときは真剣な思いを伝え、ふたりだけの濃厚な時間を過ごして絆《きずな》を深めましょう。

秋生まれ

結婚は、相手から望まれてするパターンが最適です。

周囲から反対されている場合や、是非にでも結婚してほしいと秋生まれから懇願するのは、自分の美学に反するような違和感が伴うはずです。

結婚後は、きめ細かく、家族一人ひとりの状態に配慮しながら、家族の面倒を見ることに。美意識へのこだわりが強いので、趣味に合ったインテリアや生活設計に心を砕き、和気あいあいと明るい家庭になりそうです。

結婚相手や家族に対しては、どんなサービスやサポートが最適かを察知して自主的に動くので、あまり目立たず存在感は薄いかもしれませんが、しっかり家族の要《かなめ》を押さえた存在となるでしょう。

ただ、夫婦のコミュニケーションについては、仕事や趣味のあとまわしにしがちな点に注意すること。愛はふたりで育《はぐく》み続けるものだということを忘れないでください。

SEXは、あなたが集中できる環境が大事です。とくにミステリアスなムードで燃えられる場所で盛り上がることがいちばんです。

感覚が鋭いあなたは、いざとなれば渾身の力を振り絞って相手にも挑むでしょう。

人間関係や恋愛に影響を受けやすい体質。芸術に浸ってストレス解消を

秋生まれ

秋生まれは、感受性が豊かです。

物事をまじめに考え抜く性質があるので、神経が過敏になる傾向が強いでしょう。そのため、人の影響を受けやすくなる、暗示にかかりやすくなるなどの弊害が生まれることも。常にいろいろな価値観を持つ友人を複数持ち、多方面から意見を聞くようにして、感情のバランスや心のバランスをとるように心がけるとよいでしょう。

体質的には、ホルモンバランスに注意が必要です。とくに女性の場合は、婦人病にかかりやすい傾向があります。定期的に検診を受け、健康な体づくりに気を配りましょう。

また、情感が豊かなため、恋愛感情によって健康状態が大きく変化。ハッピーな恋愛なら、心身の健康状態がよくなり、苦しい恋愛をしている場合は生活や健康が荒れてしまうこともあるかもしれません。

そんな秋生まれにとって、芸術に親しみ、楽しむことが健康状態を安定させる特効薬になります。ときには美しい芸術に浸って、心を解き放つことです。

いずれにしても心のバランスの乱れが、すぐに体調に表れやすいので、ピンチのときは、気軽にSOSを出せる人や場所を確保しておくと安心です。

キーワードでわかる「強み」と「弱み」

それぞれの季節の生まれの人がベースで持っている性質や資質は、キーワードで表現することができます。

同じような性質や資質であっても、見方や受け取り方次第で、長所になることもあれば、短所になることもあるもの。

どうせならプラスに活かせるようにバランスをとっていきましょう。また、他者を理解するときにも、できるだけ相手のよい面を引き出してあげることを意識するようにしましょう。

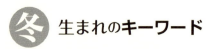

冬生まれのキーワード

情熱的 ⇔ 衝動的・熱狂的
リーダーシップ・親分肌 ⇔ 権力志向
スピーディ・直観的 ⇔ 短気
楽天的 ⇔ 見通しが甘い
積極的 ⇔ 自己主張が強い
独立心 ⇔ 独善的
正義感・公明正大 ⇔ 融通が利かない
豪快 ⇔ 派手好き・目立ちたがり
強い信念 ⇔ 強情・頑固
開拓精神・進取の気性 ⇔ 自己顕示欲が強い
無邪気 ⇔ 傍若無人
誇り高い自信家 ⇔ うぬぼれが強い

冬生まれの著名人

西郷隆盛、勝海舟、坂本龍馬、高杉晋作、福沢諭吉、ヒトラー、ダライ・ラマ14世、ココ・シャネル、田中角栄、小泉純一郎、盛田昭夫、長嶋茂雄、王貞治、野村克也、ジーコ、松坂大輔、ジャック・ニクラウス、岡本綾子、丸山茂樹、有森裕子、小野伸二、平山相太、錦織圭、福原愛、アントニオ猪木、小川直也、ボブ・サップ、黒澤明、宮崎駿、岩井俊二、夏目漱石、五木寛之、片山恭一、横山秀夫、平山郁夫、ヴィルヘルム・フルトヴェングラー、小澤征爾、ポール・マッカートニー、リンゴ・スター、浜崎あゆみ、中島美嘉、吉田美和、桜井和寿、オードリー・ヘップバーン、渥美清、高倉健、島田紳助、小泉今日子、宮沢りえ

春 生まれのキーワード

理想主義	⇔	非現実的
多芸多才	⇔	飽きっぽい・移り気
柔軟性	⇔	優柔不断
冷静沈着	⇔	冷たい・情緒性に欠ける
論理的	⇔	理屈っぽい
バランス感覚	⇔	他人に影響されやすい
愛想がいい・如才ない	⇔	八方美人・浮気性
物事にこだわらない	⇔	事なかれ主義
好奇心旺盛	⇔	せんさく好き
機転が利く・当意即妙	⇔	一貫性がない・朝令暮改
優雅・洗練	⇔	見栄っ張り・かっこつけ

春生まれの著名人

ワシントン、ルーズベルト、ジョン・F・ケネディ、ニクソン、ビル・ゲイツ、小出義雄、三原脩、星野仙一、堀内恒夫、原辰徳、清原和博、高橋由伸、イチロー、中村俊輔、尾崎将司、宮里藍、浜口京子、三浦知良、末續慎吾、室伏広治、山下泰裕、具志堅用高、長州力、高田延彦、太宰治、宮沢賢治、遠藤周作、赤川次郎、伊集院静、田中康夫、本田健、フランシス・コッポラ、篠田正浩、ビートたけし、森繁久弥、黒柳徹子、いかりや長介、明石家さんま、ジョージ・ハリスン、和田アキ子、原由子、福山雅治

夏 生まれのキーワード

安定感がある ⇔ 保守的・マンネリズム

粘り強い ⇔ あきらめが悪い

堅実・慎重 ⇔ 臆病・悲観的・用心深い

分析力がある ⇔ 批判がましい

審美眼がある ⇔ 贅沢・快楽志向

実利的 ⇔ 所有欲が強い

実務的・几帳面 ⇔ 苦労性・大局を見失う

真面目・勤勉 ⇔ 要領が悪い・取り越し苦労

秩序を重んじる ⇔ 発展性に欠ける

細かいことへの注意力 ⇔ 神経過敏

きれい好き ⇔ 潔癖症

夏生まれの著名人

大久保利通、伊藤博文、大隈重信、エジソン、アインシュタイン、松下幸之助、本田宗一郎、神田昌典、カルロス・ゴーン、管直人、田中真紀子、小沢一郎、森祇晶、野茂英雄、松井秀喜、新庄剛志、松井稼頭央、中田英寿、本田圭祐、伊達公子、高橋尚子、北島康介、野口みずき、須藤元気、魔裟斗、ピカソ、横山大観、東山魁夷、ジャンニ・ヴェルサーチ、三宅一生、森英恵、森鴎外、川端康成、三島由紀夫、大江健三郎、村上春樹、養老孟司、綿矢りさ、金原ひとみ、山田洋次、窪塚洋介、タモリ、みのもんた、ベートーヴェン、朝比奈隆、ジョン・レノン、矢沢永吉、小室哲哉、つんく、さだまさし、安室奈美恵、平井堅

秋 生まれのキーワード

豊かな感受性 ⇔ 神経過敏

情緒的 ⇔ 感情の起伏が激しい

人を見抜く洞察力 ⇔ 好き嫌いが激しい・辛らつ

同情心に富む ⇔ 情に流されやすい

意志堅固 ⇔ 強情・気難しい

同情心に富む ⇔ センチメンタル

探究心旺盛 ⇔ 視野が狭くなる

想像力豊か ⇔ 夢想的

口が堅い ⇔ 秘密主義・閉鎖的

神秘的な直感力 ⇔ 非現実的

芸術性・独特な感性 ⇔ 自己陶酔的

繊細・敏感 ⇔ 自己憐憫・傷つきやすい

融通が利く ⇔ 決断力に欠ける

秋生まれの著名人

チャップリン、キートン、稲盛和夫、船井幸雄、スティーブン・スピルバーグ、浅利慶太、川上哲治、落合博満、江川卓、タイガー・ウッズ、瀬古利彦、マッケンロー、ベッカー、サンプラス、杉山愛、稲本潤一、ジャイアント馬場、吉田秀彦、曙、ジョージ・ルーカス、伊丹十三、森田芳光、蜷川幸雄、勝新太郎、石原裕次郎、吉永小百合、中村玉緒、ゴーギャン、ガウディ、岡本太郎、芥川龍之介、横溝正史、村上龍、林真理子、中谷彰宏、モーツァルト、美空ひばり、中島みゆき、長渕剛、所ジョージ

第4章

「季節の相性」を理解して、人間関係に活かす

「春夏秋冬理論」はコミュニケーションツールとしても活用できる

第3章では、それぞれの季節生まれの人の持っている資質や傾向を詳しく見ていきましたが、第4章ではそのベースを踏まえながら、周りの人たちと、どのようにつき合っていけば、スムーズな人間関係を築いていけるのかを、「ビジネス」と「恋愛・結婚」に分けて、季節同士の相性やつき合うコツを書いていこうと思います。

一般に「相性」と言うと、いい相手か、悪い相手かをグループ分けして、このようにつき合いましょうだけで終わりというケースが多いです。しかし、この「春夏秋冬理論」では、自分をもっと成長させていくために、「春夏秋冬理論」をツールとして、うまく活用していこうという考え方です。

確かに、相性のいい悪いはあります。

つき合っていて、相性がいいと楽《らく》だけれど、一方で互いに磨き合ったり刺激し合ったりする間柄は緊張感があり、けっして居心地のいいものではないかもしれません。けれど、一緒にいても楽な相手と、お互いに切磋琢磨するような相手の両方がいるからこそ、人間としても成長できるのです。

占星学の理論もベースにありながら、「春夏秋冬理論」が他の占いと大きく違うのは、自分や相手のベースとなる性質や資質を知ることで、相性の善《よ》し悪《あ》しだけでない人間関係の傾向がわかるというところ。

たとえば食生活でのバランスと同じように、人間関係でのバランス、アンバランスが検証できるということなのです。相性ばかり気にして、自分が楽な人ばかりとつき合うのは、偏食や食わず嫌いと同じこと。

あの人は、「どうせ相性が悪いから」、「自分とはちょっと違うから」、「自分とは理解し合えないから」、「好きになれないタイプだから」と最初から決めつけてしまうのは、自分自身の可能性や成長をストップさせてしまうことになります。

自分のベースと相手のベースを確認したうえで、自分は相手にどうかかわったら、自分にとってプラスになっていくのか。

あくまでも、そのヒントを見出す材料やツールとして、「春夏秋冬理論」を活用していきましょう。

「生まれた季節」には、相性と関係性がある

具体的な相手との相性やつき合い方は、このあとの解説を読んでもらえればわかると思いますので、ここでは大まかな季節同士の関係を簡単に説明しておきます。

同じ季節同士は、基本となるベースが同じなのだから、単純に考えて居心地がいいのは事実。

ただし、価値観が似通っているため、居心地がいいものの、そのぶん和《なご》んでしまったり、緩んでしまったり、違いが生み出せなかったり、あるいは行きすぎて極端に走ってしまう……、といったリスクをはらんでいることは認識しておきましょう。

それに対して、対極にある季節、つまり冬生まれと夏生まれ、春生まれと秋生まれは、お互いに活性し合える関係にあります。

対極なので、決して居心地がいいわけではありません。けれど、相手を理解して、認知してというプロセスのなかで、互いに似通った部分を持っているからこそ、わかり合えるということもあるのです。

・暑さ寒さが「明確」な冬と夏
・過ごしやすいが「あいまい」な春と秋
・バイタリティーの冬とストロングの夏
・頭脳プレーの春と名人芸の秋

その一方で、季節の流れのなかで前後になる季節にも、共通する部分を見出すことができます。

・エネルギーを外に向かって発揮する冬と春
・エネルギーが内に向かっていく夏と秋
・目標を設定して進んでいく「目標設定型」の春と夏
・なりゆきとインスピレーションを重んじる「展開型」の秋と冬

それぞれの季節の関係性とは、引き寄せ合ったり、同調し合ったり、反発し合ったりする要素がいろいろと絡み合っているものです。

だから、ベースとなる傾向を情報として頭の片隅に置くことで、相手との相性がいい悪いだけでなく、人間関係をよりよい方向に持っていく材料として、活用してほしいと思うのです。

生まれた季節によるお互いの関係

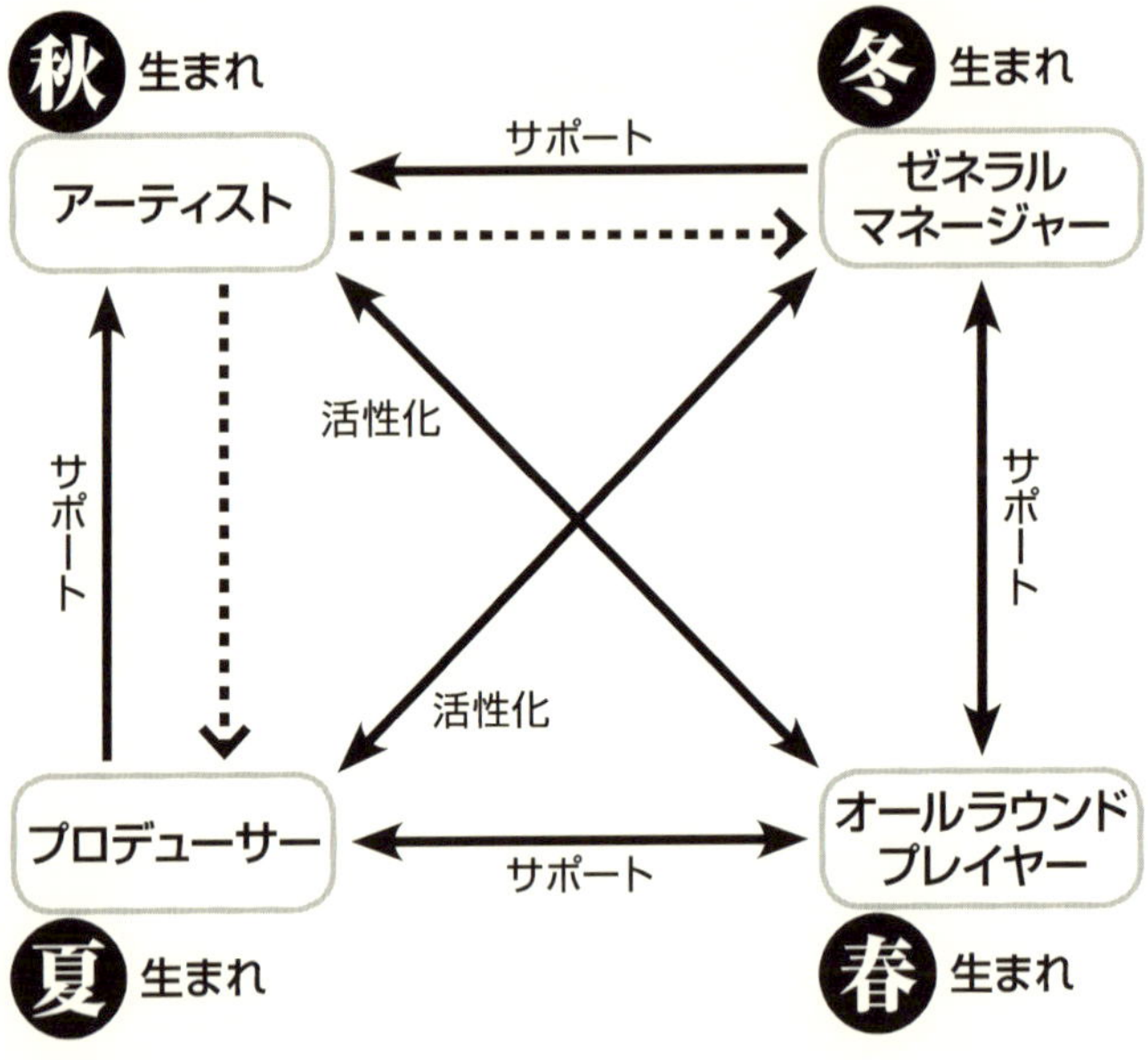

「いま過ごしてる季節」によっても、つき合い方は変わる

「生まれた季節」による相性のほかに、「春夏秋冬理論」でポイントになるのは、「いま過ごしている季節」による相性です。

サイクルの始まりである「冬」を過ごしている人と、エネルギッシュな「夏」を過ごしている人とでは、テンションが違っていて当然。お互いになかなか相手のことを理解しにくい部分も出てくるでしょう。

また、季節は、冬→春→夏→秋と流れていく順番は絶対に変わりません。自分の過ごしているひとつ前の季節を過ごしている人に対しては、応援したい気持ちが生まれ、ひとつ後ろの季節を過ごしている季節の人には、フォローしたい気持ちが生まれます。

ただし、ここで気をつけなければいけないのは、どんな相性にも必ず表と裏が存在するということ。プラスに働くことがあれば、それがマイナスに働くこともあります。

お互いの「生まれた季節」だけでなく、自分が「いま過ごしている季節」、相手が「いま過ごしている季節」を意識しながら、よりよい人間関係を築いていくようにしましょう。

冬生まれ×冬生まれ

ビジョンやミッションが共有できれば、最強の組み合わせ

ビジョンやミッションに向かって進む冬生まれ同士は、ビジョンやミッションが共有できる場合は、それこそテレパシーで通じ合い、協力し合える強い組み合わせとなります。ただし、具体的なビジネス行動に移行するまで、多くの時間を費やしてしまうのがマイナス点。決めたらキビキビと実行的に動くことが成功への近道になります。

冬生まれの上司は、冬生まれの部下の欠点がリアルに見えすぎて、イライラしがちに。意思の疎通が図れていないと、お互いをうっとうしく感じてしまう場合もあります。相手との関係で生まれるイライラで、仕事のペースをかき乱されないようにしましょう。同じストレスは、部下も感じていると肝《きも》に銘《めい》じておくこと。

冬生まれの部下の立場から見ると、冬生まれの上司は頼りなかったり、独りよがりだったりする……、自己中心的な言動が鼻につきやすい面もあります。そんなときは、あまりそのことについて考えないようにすることが大切です。

相手に細かい注文をつけ始めると、きりがないし、お互いを否定し合っても仕事にいい影響は生まれません。むしろ、自分と同じ冬生まれの相手の欠点を、ビジネス上の振る舞いにおける反面教師として参考にし、相手を容認して受け入れることが大切です。

冬生まれ×春生まれ

適度な距離を保って尊重し合うと、強固な信頼関係が

優秀なプランナーの春生まれと責任感が強い冬生まれは、適度な距離を保ちながらお互いを尊重し合って仕事にかかわるとうまくいきます。わかり合えない部分があって当たり前！と思えば、批判とも聞こえかねない相手の意見を素直に聞くことができるはず。

春生まれが上司なら、冬生まれの部下の甘えや努力不足を許しません。容赦なく厳しい指導をするでしょう。それに対して、冬生まれは反発しがちになります。たとえ春生まれ本人を嫌いであっても、春生まれの言うことの本質を理解しようとすれば、冬生まれは大きく成長していくことができるはず。心を開いて受け入れ、上司をフォローしようと思うことで、強い信頼関係を築けるのです。

上司が冬生まれなら、春生まれの部下の鋭い観察力や洞察力から繰り出される意見をわずらわしく感じそう。春生まれは、強引に自分の意見に従わせようとする冬生まれの上司に、荒削りな不器用さや人間としての未熟さを感じ、反発を覚えるのです。

冬生まれの上司に気に入られ、信頼を勝ち取るまでは、春生まれはおとなしく控えめにしているのが得策。これこそが自分の意見を仕事に反映させていく近道なのだと覚えておきましょう。

冬生まれ×夏生まれ

現実主義と楽観主義で刺激を与え合いながら最強のチームになるふたり

現実的でシビアな夏生まれと現実感がとぼしく楽観主義の冬生まれは、チームを組めば最強コンビ。お互いにチームを組むことの重要性を理解しているので、刺激を与え合いながら、協力体制をバッチリ形成できます。

ただし、夏生まれが冬生まれの意向を無視して物事を進めるのは厳禁。また、冬生まれが夏生まれを、楽《らく》して得していると妬《ねた》むような状況をつくらないことが前提となります。

夏生まれの上司は冬生まれの部下の面倒を見ながら、うまくコントロールするのが上手。両者の分業体制がうまく回転するでしょう。冬生まれの部下は、上司にべったり頼りきりにならず、自主的に動くことを心がけることがポイントになります。

冬生まれが上司の場合、夏生まれの部下は自分の勝手な判断で動かないことが最低限のマナーになります。何事も上司に報告・連絡・相談をして、指示をあおぎ、暗黙の了解である仕事のルールを必ず守るようにすること。このポイントさえ抑えておけば、信頼関係が早く構築できるでしょう。

また、冬生まれの上司は、部下に最高のクオリティを求めます。仕事は速さだけでなく、クオリティを下げないよう心がけることが肝心です。

冬生まれ×秋生まれ

仕事に対する取り組み方の違いを理解することで人間関係がスムーズに

感じたままに動いて仕事を展開させる秋生まれと、目的完遂に向けてプラス思考で動く冬生まれは、お互いの仕事に対する取り組み方が違うことを理解することが大前提。そうしないと、お互いにストレスがたまり、決定的分裂を迎えることになりかねません。

秋生まれの日替わりマイペースを、冬生まれがコントロールしようとか、常識的な枠のなかにおさまってもらおうと思っても、しょせんムダなこと。相手は相手、自分は自分と割り切ることがうまくやるコツになります。

秋生まれの上司は、気分や仕事のやり方にその時々の波があって、扱いにくく思えるでしょう。秋生まれに対して、有能さや成熟度を求めるよりも、そのユニークな存在そのものに意味と価値を認めると、冬生まれの部下は仕事がやりやすくなります。

冬生まれの上司は、秋生まれの部下が、自由気ままに行動することをあまり好みません。ですから秋生まれは、律儀でていねいな対応をして、不安を与えないことが大切。自分のスケジュールを逐一知らせておく、そして困ったことは問題が大きくなる前に正直に報告する習慣をつけるといいでしょう。そうすることで、次第に秋生まれの部下の行動の自由を許してくれるようになります。

春×春
生まれ 生まれ

どちらがリーダーかを明確にすることで、何事も瞬時にこなせる

コミュニケーション能力が高い春生まれ同士は、どちらがリーダーかが明確であれば問題ない相性。何より信頼関係を築くのが早いでしょう。意見が違ったり、ぶつかり合ったりしても、感情の高ぶりが冷めれば、論理的思考で解決できるはず。また、ふたりが手を組めば、人の2倍はスピーディーに物事を運べるでしょう。お互いの考えていることが一瞬で伝わるため、情報交換が非常に短時間ですむ点が特徴です。

春生まれの上司は、春生まれの部下に大きな期待をかけます。それは上司自身の夢や希望を部下に託すためと、自分と似た部分を持つ部下なら、もっと成果を出せるはずという幻想を重ねてしまうため。期待された部下は、実力以上の活躍をしようとがんばり、実際、期待以上の成果をあげることができます。しかし、長続きはしません。期待がプレッシャーにならないように、上司は部下の状態を見ながら適切なフォローをすることが大切です。

また、部下はできることとできないことを明確に分類して、どこをどうフォローしてほしいのかを率直に伝えること。正直に話し合って、お互いに仕事がやりやすい環境をつくりましょう。ふたりは感情的にこじれることがないのだから、水くさい遠慮や我慢は必要ありません。自由かつ、クールにいくことがお互いのためです。

春生まれ×夏生まれ

お互いのよさを認めてサポートし合うことで、高い能力を発揮できる関係

論理的思考型の春生まれと熱意で押し通そうとする夏生まれは、上手に手を組めばビジネス面で高い能力を発揮できます。春生まれの多彩な能力を、夏生まれが組織や仲間同士の連携パワーを集約して、次の段階に推《お》し進めていくことが可能。両者は、サポートし合える関係であることを念頭に置いておくことです。

上司が夏生まれの場合、夏の厳しさや緻密さを春生まれがうまくキャッチできず、お互いの歩調が乱れがちになることも。

そんなときは、春生まれの賢明な対処が大切になります。自分のやり方で押してくる夏生まれの上司にテンションを合わせながら対応して、両者の呼吸が一致したところで、徐々に一緒にクールダウン。それから自分の状況を理解してもらうといいでしょう。

また、上司が春生まれの場合、春生まれのクールな感覚が部下の夏生まれには、やる気のなさに感じられて、歯がゆくなることがありそうです。そんなとき夏生まれの部下は、率直に説明を求めてみること。けっして春生まれにやる気や前向きな気持ち、あるいはリーダーシップがないのではなく、冷静に先を見通しながら対策を立て、トラブルの種を排除して、部下が取り組みやすい環境を整えるために、いかに苦心しているかが理解できるはずです。

春生まれ×秋生まれ

春生まれの理性で秋生まれの才能と能力を引き出すことがベスト

秋生まれの自由な感覚を、理解力に優れたしっかり者の春生まれが、いかに理解し、察して動いてあげられるかがポイントです。春生まれが秋生まれの型破りな才能や能力を引き出して、現実的な仕事能力として活用していくことができればベスト。

秋生まれが上司なら、春生まれが秘書役として、きめ細かいサポートをすると仕事が速く動きます。朝令暮改のようにくるくる変わる秋生まれの上司の指示に、すばやい対応ができるのは春生まれならではの才能です。

春生まれが上司なら、秋生まれの部下に対して、使いにくさを感じそう。秋生まれの仕事ぶりがどこかポイントをはずしているようで、頼りなく思うでしょう。春生まれが最適のタイミングで的確な指示を出し、途中経過をしっかり報告させるとうまくいきます。しかし、この作戦には落とし穴も。短期間ならそれで問題なく機能しますが、長期間に及ぶとなると、そこまで管理された秋生まれは、やる気をなくし能率が落ちることになります。

秋生まれの様子をしっかり観察しながら、うまく春生まれの手のひらで転がしていきましょう。新しい企画やアイデアなら、秋生まれに丸投げしておくと、春生まれの上司が思いつかないおもしろい企画をつくってくるはずです。

夏生まれ×夏生まれ

よきライバルとしてバトルしながら一致団結していく関係

自己鍛錬が大好きな夏生まれ同士は、仕事においてもライバル意識が芽生えやすく、競争心をむき出しにしやすい関係。お互いに競い合うことが好きで楽しいのです。ただし、共通の目的に向かうときは、一致団結して立ち向かうし、各々の役割がきちんと分かれているときは、協力し合うことができます。

夏生まれの上司は、命令口調で遠慮なくものをずけずけ言うため、多忙で心に余裕がないときほど、ケンカ腰の言い方になりやすいでしょう。ソフトなものの言い方をするために気を遣う時間があれば、前へ前へと進みたい性分なのです。そのストレートパンチのような激しい口調を受けて立つ部下も、ついエキサイトしていきます。返す言葉が「そのケンカ、受けて立ちます」的な口調になりがちに。ただ、これはよい現象。両者のテンションが同じになるので、意見交換がスムーズになるからです。「またケンカしてるの?」と周囲が気をもむようなときでも、本人たちはなんとも思っていないことが多いでしょう。

夏生まれの部下は、上司の指示をテンポよく聞き出し、スピーディーに行動することが大切です。ダラダラのろのろが、一番してはいけないこと。とくに、緊急を要する問題処理は、上司の指示どおりきっちり動けば腹心の部下になることも可能です。

夏生まれ×秋生まれ

ふたりの個性の違いがプラスに働いていけば、生産性の高い相性に

わが道を突き進む夏生まれと共感を求める秋生まれの組み合わせは、にぎやかで生産性が高い相性。得意なことと苦手なことが正反対なので、協力し合ってやるべきことをしっかりこなせるチームワークがつくれます。

夏生まれの上司は、部下の力を引き出すという意味で有能。秋生まれの部下の個性や能力をいかに伸ばすべきかを考えてくれるタイプです。秋生まれが、夏生まれの上司からトンチンカンな指示を出されたように思えても、勉強と思って取り組むこと。その際には、秋生まれらしいインスピレーションで解釈して、好きなように自由に動いてOK。大幅なミスでない限り、その結果に夏生まれ上司はきちんと責任を取ってくれます。また、夏生まれの上司は、秋生まれの部下からのやさしいねぎらいの言葉が涙の出るほどうれしいもの。どんどんやさしい言葉をかけるようにしましょう。

秋生まれが上司なら、夏生まれは積極性を前面に押し出して働きかけると好感を持たれます。秋生まれは、どんな性格の人でも受け入れられる心の広さがあるので、生意気でもわがままでもいいから、思ったままにぶつかっていくと、結果的に切れ味のいい仕事ができるようになるでしょう。

秋生まれ×秋生まれ
実務・管理は苦手だが、社会的な使命を見つけることで意欲が生まれる関係

現実的な推進力に欠ける秋生まれ同士は、企画力や営業力、交渉能力があるが、実務や管理といったビジネスの現場ではあまり役に立たない相性。できないのではなく、やる意味が見えないから、取り組む気が起きないといったところでしょう。ですから、秋生まれ同士で一緒に目指せる社会的な使命が見つかれば、苦手な実務や管理などにも積極的にかかわる意欲が芽生えてきます。

秋生まれの上司は、特殊技能や独創的なアイデアを豊富に持ち、経験も積んでいるベテラン。部下が学ぶべきことは山ほどあります。しかし、秋生まれの上司は、手取り足取り教えたり、面倒を見たりすることはあまりありません。部下が上司から技術や仕事を盗み取る姿勢がないと、上司と部下というタッグを組んでいても、不毛の関係に終わることもありそうです。

また、秋生まれの部下は、秋生まれの上司から見ると、何をやりたいのか、何のために仕事をしているのかが見えにくく、ともすれば怠け者に見えてしまうことがあります。その結果、不当に低い評価をされてしまう可能性も大。いま取り組んでいる仕事や今後手がけたい仕事をアピールして、積極的にコミュニケーションをとるように心がけることが大切です。

冬生まれの女性×冬生まれの男性

一緒に過ごす時間が長くても気を使わなくていい自然で心地いい相性

楽観的に物事を受けとめる冬生まれ同士は、一緒に成長することが恋愛の喜びの大部分を占める相性。ごく当たり前の日常生活シーンのなかで、一緒に過ごす時間が長く、両者が恋愛できる状況にあったなら、ごく自然に恋愛感情が芽生えるでしょう。

気心が通じ合うので、一緒にいて、あまり気を使わずにすむのがとっても心地よく感じられます。その半面、恋のドラマチックな盛り上がりやときめき、緊張感にはあまり縁がありません。あくまでも一緒に成長を目指し、切磋琢磨《せっさたくま》し合う自分たちの精神力に感動する恋愛なのです。

結婚後は、どちらも自分の人生、自分の楽しみ、自分の仕事を相手よりも優先します。それを当然と思い、気持ちよく認め合えるのが冬生まれ同士の特徴。独立心が旺盛なので、いつ別れることになってもよい覚悟もできているでしょう。たとえそうなったとしても、強くたくましく人生を切り拓けるような素質を高めていくことが、家庭生活の安定より優先するからです。

ケンカは負けん気の強い者同士、過激で熾烈《しれつ》。関係修復を早めにするか、間に人を入れての話し合いをもたないと、ケンカのあと、それっきりになる可能性も大きいでしょう。

冬生まれの女性×春生まれの男性

価値観が一致し相手を互いに尊重し合う、一緒にいると安心できる相性

理想主義の春生まれとインスピレーションで進む冬生まれは、恋愛シーンではかなり気が合う組み合わせ。春生まれが設定した理想的な恋の形やデートコースを、冬生まれがその時々の気分でかき回すことも。そんな冬生まれの女性のわがままを、春生まれがやさしく包み込み、希望を汲んで丸く収まるパターンでしょう。

お互いに律儀に約束を守る点や相手のこだわりを尊重しようとする姿勢が、価値観の一致で安心感を与え合い、好感度を高めるポイントに。恋の高まりを言葉や態度で表現し合うことが、この恋の一番のサプリメントになります。

結婚後は、クールですが何かと細かく気遣ってくれる春生まれの夫に尽くされる形で、冬生まれの妻はイキイキと自由に自分の人生を楽しむことができるでしょう。

ただし、結婚すると安心してしまい、ふたりの接点をつくろうとする意識が薄くなるので、いつのまにか心の距離が開いてしまいやすい点には注意が必要。お互いに相手への不満をクールに抑えてしまうのもよくない兆候です。日常生活のなかで、冬生まれの女性が小さなケンカを仕掛けて、春生まれの男性の本音を聞く機会を持つようにすると、不満を溜め込まずに、のびのび気楽に暮らせるようになるでしょう。

冬生まれの女性 × 夏生まれの男性

距離感や年齢差など障害があればあるほど燃えるトラブル大好きカップル

闘志あふれる夏生まれの男性と、プラス思考の冬生まれの女性。ふたりはどんなときも前向きな交際をします。このカップルは、遠距離や年齢差、家族の反対などの障害があればあるほど、恋心が燃えるでしょう。問題やトラブル大歓迎、解決する過程に愛を感じるというカップルなのです。

逆に順風満帆だと、すぐにマンネリ気分になってあっけなく別れてしまったりすることもあるかもしれません。また、ふたりの交際は、他者排除型になりやすい点に注意。グループ交際やダブルデートなどで、カップル単位の社交性を高めておきましょう。

結婚後は、夏生まれの男性を立ててフォローに回っているつもりでも、実権は冬生まれの女性が握ることに。どっしり構えた冬生まれの女性の周りを、かいがいしく夏生まれの男性がお世話をする構図になりがちです。夏生まれの男性にとって居心地がよい家庭づくりを目指すことで、ふたりのバランスが取れるようになるでしょう。

ケンカの口火を切るのは夏生まれの男性。冬生まれの女性は、彼の怒りの原因がどこにあるのかを素早く察知して、フォローする気遣いを持てれば、幸せを長く維持することができます。

冬生まれの女性×秋生まれの男性

一歩を踏み出さないとお互いに恋心が通じず、すれ違いになりがちなふたり

感情豊かな秋生まれの男性と、意思が強い冬生まれの女性は、恋心が通じ合いにくい組み合わせ。お互いに好意を持っていて、その気持ちを伝え合っているのにもかかわらず、どちらもそれを受信できずにすれ違ってしまいがちです。どちらかが勇気ある一歩を踏み出すことが大切です。

いったん交際が始まると、冬生まれの女性がデートをリードする形になると安定。また、冬生まれ女性は、秋生まれの男性をいい意味で驚かせる意外性や人間性の幅を感じさせることが、恋の鮮度を保つポイントとなります。手の内は少しずつ見せていきましょう。

結婚後は、両者がおおらかで素直な愛情表現を心がけると家庭のなかが明るくなります。「はずかしい」「どうせ言ってもムダだから」と口をつぐんでしまうと関係は冷える一方。どんなことも前向きに話し合う姿勢を見せていくことが、円満な結婚生活を送るための秘訣といえるでしょう。

さらに、秋生まれの男性の遊びグセは、原則として容認の姿勢でいないと、家庭崩壊の危機を招くことに。彼がふらふらしていても、最低限家庭を維持できるポイントだけははずさせないように、冬生まれの女性がうまくコントロールしていきましょう。

春 生まれの女性 × 冬 生まれの男性

しっかり者同士で相性ぴったり。思いやりを持って接する組み合わせ

責任感が強い冬生まれの男性と求められている役割をきちんと果たす春生まれの女性。しっかり者同士の組み合わせなので、相性はピッタリです。お互いに思いやりを持って接することができるカップルと言えます。

その半面、冬生まれの男性は、恋に真剣であればあるほど生真面目になり、恋を軽やかに楽しみたい春生まれの女性には、かなり面白味にかける相手でしょう。恋の駆け引きやドラマチックなシチュエーションは相手に期待できませんが、春生まれの女性が恋の演出を手がけて盛り上げると、冬生まれの男性は乗ってきてくれるはずです。

結婚後は、理想の家庭を築くために力を合わせられるふたり。恋愛中と同様に、お互いを気遣うやさしさを忘れなければ、手をつないで問題を一つひとつ乗り越えていくことができます。

春生まれの女性が冬生まれの男性の長所を家族や友人、知人にアピールしたり、人が出入りしやすい家庭をつくったりすることが、何よりの内助の功になるでしょう。ただし、春生まれの女性は、家庭に真面目になりすぎると、ストレスがたまってしまうことに。こまめに息抜きできる場を、意識してつくることが長続きの秘訣になります。

春生まれの女性×春生まれの男性

クールで理知的な頭脳恋愛カップル。ゴールインも早いが別れも早い

クールで理知的なふたりは、頭脳恋愛タイプです。理想の恋愛、理想の結婚生活を送れそうな相手を見つけると、時期をはかってアプローチ。「自分には、あなたでなければならない」ことを論理的に説明して口説くのがパターンです。

好きになったら素早く口説いておつき合い。そのなかで相手に気になる異性関係や価値観や生活パターンに合わない部分があれば、次の人を探し始めるのです。自分の生活スタイルにピッタリはまる相手を、おつき合いの過程で瞬時に見極めることができるため、恋愛から結婚までのタイムロスが比較的少なくてすむと言えます。

結婚後は、夫婦で一緒にいることにあまり執着は持ちません。それぞれが、それぞれの人生を満喫しているなかで時々時間を共有して、コミュニケーションが取れればうまくいくタイプの夫婦。世間の目は気にしませんが、夫婦の間のルールはきちんと守ろうとする律儀さはあります。

甘える人と甘えさせる人の役割が自然にできあがりますが、たまにはその関係を逆転させる思いやりが長続きの秘訣です。ケンカをしながら長くつき合うということはないので、いったん「合わない」と感じたら、別れるまでの時間も早いでしょう。

春生まれの女性×夏生まれの男性

現実的と理想的。価値観の違いが逆に刺激になるカップル

現実的思考力が高い夏生まれの男性と、理想に生きる春生まれの女性は、価値観が違うことを頭に入れておくと、お互いの違いをおもしろがることができる相性。夏生まれの男性は、感情をストレートにぶつけてきます。それが春生まれの女性にとって、ちょっとうっとうしいときもありますが、ソフトに受けとめてあげること。

夏生まれ男性の貪欲に人生を楽しもうとする熱い姿勢は、器用に軽やかに人生を渡ろうとする春生まれ女性の本能を刺激してくれるでしょう。また、夏生まれの男性にとって、春生まれの女性は謎めいた存在。戸惑わせて翻弄すると、恋が盛り上がっていきます。

結婚後は、ひたすら前に突き進もうとする夏生まれの男性を、春生まれの女性がそれとわからないようにやさしくフォローしていく形が理想的。女性が男性にペースを合わせるつもりになれば、お互いの生活観や価値観の違いをそれほど感じないで、幸せに暮らしていくことができるはずです。

ただし、このカップルは春生まれの女性が不必要な我慢をしないことも大きなポイント。大人の冷静な判断でクールな対処が必要なときもありますが、なるべく感情を露出して、夏生まれの男性に甘えるほうがうまくいくでしょう。

春生まれの女性×秋生まれの男性

お互いの自由を尊重し合う、束縛のないさっぱりした交際に

自由に恋をする秋生まれの男性と、恋をしていてもどこか冷静な春生まれの女性。そういう意味では、すごく共鳴できる部分と、まったく合わない部分がはっきりしているふたりと言えます。最初は戸惑うことが多くても、お互いのことがわかってくると、つき合いやすい相性。お互いの自由を尊重し合うさっぱりした交際ができるでしょう。

秋生まれの男性が情緒で感じたことを、春生まれの女性が理論的に言葉にしたり、具体的行動につなげていったりすることで恋に深みが生まれます。秋生まれの男性の一貫しない言動を、春生まれの女性が上手にフォローできれば楽しい交際になっていくはずです。

結婚後は、それほど束縛がない生活を楽しめるカップル。生活をおしゃれにまとめたい同士なので、センスのよい暮らしになるでしょう。どちらも熱くなりにくいので、ケンカはあっさり終結。ただ、春生まれの女性が不満を我慢する形の終結にしてしまうと、やがて夫婦の危機につながることも。

また、春生まれの女性は、言うべきことをイヤミや当てこすりにならないように、きちんと伝えること。浮気癖や遊び癖がある秋生まれの男性のことはおおめに見て、戻ってくるのを待つだけの度量が必要です。

夏生まれの女性×冬生まれの男性

お互いに自分のないところを認め合い、求め合う、熱愛カップル

イノセントな冬生まれの男性と情熱的な夏生まれの女性は、お互いを必要とし、求め合う熱愛カップルです。冬まれの男性は自分にない夏生まれの女性の明るく前向きなパワーを吸収して、個性を発揮するタイプ。また、夏生まれの女性は、冬生まれの男性の指導力や信念の強さに好感を持ち、尊敬します。

そんなふたりは、お互いを認め合ったときが恋のスタート。冬生まれの男性は、夏生まれの女性から愛されている事実そのものが大きな自信となり、仕事に趣味に大活躍するでしょう。夏生まれの女性は、そんな彼の憧れのヒロインであり続けるべく、美しく気高くいるように努めてください。

結婚後も、お互いの存在がエネルギー源になるカップル。夏生まれの女性が冬生まれの男性を第一に考える、良妻賢母であることを心がけると関係はうまくいきます。

夏生まれの女性は、なかなか家庭のなかに納まりきれない情熱と行動力の持ち主。家や夫のフォローだけでは、物足りなくなるでしょう。そのとき、外に出ていくための段取りをつける前に、子どもの面倒を誰に頼むかを含め、きちんと夫の了解を取ること。夫婦間で事前に、そういった根回しをしておけば、何があっても円満に暮らしていくことができます。

夏生まれの女性×春生まれの男性

最初は盛り上がるけど、その後の発展か消滅かは夏生まれの女性次第

ストイックな春生まれの男性に、夏生まれの女性が尊敬の念や強い関心を抱くところから恋が始まりやすい相性。つき合った当初は、お互いに相手のすることなすことがおもしろく、恋が盛り上がります。

ただし、交際が安定してくると、春生まれの男性は仕事や趣味、もしくは他の女性に目が向きがちに。彼が自由を束縛されているように感じない程度に、夏生まれの女性が交際をリードしないと、自然消滅ということも。別れがあるとしたら、春生まれの男性のつかみ所のなさや、その場しのぎの嘘が鼻につくようになったときでしょう。

結婚後は趣味が一致しない場合でも、お互いを自然にサポートできる夫婦関係に。それぞれの仕事を応援し合ったり、家庭生活をサポートし合える理想的な関係を築くことができるでしょう。

しかし、夏生まれの女性にとっては、それでもどこか寂しく、空虚な結婚生活と感じることがあるかもしれません。それは春生まれの男性は、家庭より仕事や趣味など外の世界と、より親密につき合う傾向が強いからです。そこを理解していけるかどうかが、夫婦として長く続くかどうかのターニングポイントになると言えるでしょう。

夏生まれの女性×夏生まれの男性

良いところも悪いところも手に取るようにわかり合えるふたり

熱い情熱と忍耐力を併せ持つ夏生まれ同士は、強い信頼関係を結べる組み合わせ。ただ、お互いに「自分こそは正しい判断力と常識の持ち主だ」と、絶対的な確信を持っているため、両者の我と我がぶつかり合うと激しい戦闘が繰り広げられてしまうことになります。

一度衝突すると、腹黒さもすべてさらけ出すような本気と本気のハードなケンカになりますが、仲直りすれば誰にも割り込めない強い絆が生まれることに。雨降って地固まったときには、恋人同士というより、戦友とか親友といった色合いが濃くなりやすい関係でしょう。

お互いのよいところも悪いところも手に取るようにわかり合える、夏生まれ同士のふたりの結婚後は、オープンで明るい雰囲気。甘いムードを残すためには、妻である夏生まれの女性の小さな努力が必要不可欠です。それは夫を何よりも大事にしていることを態度でしっかり印象づけるだけのこと。夫をいつまでも恋人だと思って接していけば、甘いムードたっぷりのラブリーな夫婦でいられるでしょう。

また、一緒に見られる夢を持つことも大事。仕事の目標やマイホームの夢を共有して励まし合うと、現実的努力の苦労が軽減されます。

夏生まれの女性×秋生まれの男性

異性を越えた友情や連帯感から恋愛が始まるふたり

秋生まれの男性の持つ不思議な魅力に、あまり興味をひかれない夏生まれの女性。男性も、やたらエネルギッシュで闘争的な夏生まれの女性に、異性としての好意を感じにくいと言えます。どちらかと言うと、友情や連帯感から恋愛が始まりやすいでしょう。

闘志あふれる夏生まれの女性は、秋生まれの男性に安らぎを感じ、疲れた心身を癒せる相手、素顔で甘えられる相手として愛情を感じることが多そう。ただし、静かな愛だけでは物足りないため、争いを好まない秋生まれの男性に、ケンカを仕掛けてエキサイティングな関係を保とうとする傾向もあります。男性がそれを受けとめられる大人でないと、恋の継続は難しいかもしれません。

結婚後は、お互いの自由を認め合いながら協力し合える夫婦に。両者が自分の世界や対人関係を持っているほうが、刺激的な家庭になるでしょう。

落ち着きすぎてもつまらなくなるので、夏生まれの女性が家庭のイベントをつくったり、友人の出入りを多くしたりするなど、昨日と同じ今日にならない工夫をすると退屈しません。浮気問題や金銭問題は、女性がしっかりイニシアチブをとっていけば、トラブルが発生しても丸く収まるはずです。

秋生まれの女性×冬生まれの男性

距離が縮まるほどにお互いになくてはならない無二の存在になりえる相性

最高を探求する冬生まれの男性と、真実を感じとる秋生まれの女性は、お互いが相手をサポートするつもりになると、なくてはならない無二の存在になりえる相性。しかし、最初は恋愛の接点を見つけにくいかもしれません。

恋愛がスタートすると、冬生まれの男性が秋生まれの女性の活躍をフォローする形になります。自分の尽力やアドバイスによって輝く秋生まれの女性の存在そのものが、冬生まれの男性の大きな喜びとなるのです。

ただし、どちらも展開型なので、誤解が生まれると収拾がつかなくなることに。日頃から意思の疎通はマメにしておくことが、関係を長く続けるためのポイントです。

結婚後は、お互いによく相談を持ちかけ、相手の状況を把握することが大切。いったん秘密や隠し事ができると、心の距離が離れてしまいやすいふたりだからです。お互いの価値観の違いは、たくさんの会話で埋めるように心がけましょう。

冬生まれの男性は包容力があるので、秋生まれの女性のわがままや風変わりな一面をしっかり受けとめてくれるはず。それに対して女性は、男性から受けた注意点を素早く直す素直さを見せるようにするといいでしょう。

秋生まれの女性×春生まれの男性

最初はぎこちなくても相手の魅力に気づくと、恋に落ちるのは早いふたり

知識欲が旺盛で気が回る春生まれの男性とロマンチストでのんびりした秋生まれの女性は、お互いの呼吸が合うようになるまでは、会話がなかなかかみ合わない相性。相手の言うことが理解できないこともあるでしょうが、何度か顔を合わせるうちに、自分にはない相手の不思議な感性や価値観がおもしろく感じられるようになるはず。

そうなると、恋に落ちるのは早いでしょう。恋の情熱度が高いのは秋生まれの女性のほう。春生まれの男性をうまくコントロールしつつ、彼が恋に刺激を感じる演出をセッティングするなど、飽きさせない工夫を施していきます。

結婚後は、お互いの生活感覚や仕事への意識など、あえて違う部分に焦点を当ててしまうと、ケンカが増えることは先刻ご承知のとおり。春生まれの男性が、秋生まれの女性に自分を合わせながら、うまくリードしてひとつの家庭をまとめあげていくように努力するといいでしょう。

秋生まれの女性は、春生まれの男性のリードにまかせて、オープンな話し合いが持てる雰囲気づくりをすればOK。ただし、彼の婚外恋愛や仕事の悩みに必要以上に干渉しない大人の距離感を保つように心がけましょう。

秋生まれの女性×夏生まれの男性

自分にない魅力を感じ、お互いにひかれ合ういつまでも恋人関係の相性

現実的な目標に進む夏生まれの男性と、直感やそのとき感じた気持ちを重視する秋生まれの女性。相手が自分にないものを持っているため、魅力を感じ、ひかれ合う相性です。愛情深い秋生まれの女性の恋心を、しっかり受けとめられるのは、夏生まれの男性だからこそ。

また、秋風のように気まぐれなこの女性の気持ちをつなぎとめる自信とパワーがあるのも、夏生まれの男性ならではの持ち味と言えます。夏生まれの男性に主導権を渡して、言いたい放題リクエストを伝えるような関係が、秋生まれの女性にとっては心地よいでしょう。彼のがんばりに的確なお礼を伝えれば、関係は良好なまま続きます。

結婚後は、サポート関係がしっかりできて、相手の苦手部門は自分が引き受けるという役割分担が明確に。いつまでも恋人同士のように思いやりいっぱいの生活になるでしょう。

ただし、ケンカになると、的を射た意見を機関銃のように次々と出す夏生まれの彼に対して、秋生まれの女性は遅れを取りやすいかもしれません。それはケンカという非常事態とはいえ、愛する夫を攻撃することに躊躇《ちゅうちょ》するせいです。いったん休戦タイムを設けて、夏生まれの男性が冷静になるのを待てば、秋生まれの女性のペースで何事も話を運ぶことができるでしょう。

秋生まれの女性×秋生まれの男性

趣味が一致すれば、何をするのも一緒のおしどりカップルに

ムードに弱い秋生まれ同士は、いつのまにか恋愛が始まっているといった感じの組み合わせ。相性はとてもよく、お互いに打てば響くような反応が返ってくる相手です。今日の出来事や考えたこと、感動したことを話し合うと、延々と話題が尽きないでしょう。

また、秋生まれは趣味人同士の組み合わせなので、趣味が一致すれば何をするのも一緒のおしどりカップルに。趣味があまり合わない場合は、あっさりした交際になりますが、一緒にいる時間の長短だけでは推《お》し量れない、心の深いところで通じ合えるため、恋愛は深く豊かなものになるでしょう。

結婚後も、独身時代のノリと変わらない関係を維持。恋愛時代に試行錯誤の末つかんだ、お互いが幸せでいられる距離感を保って家庭を築いていきます。両者が仕事や大がかりな趣味を持っている場合、当たり前のように別居したり、別会計になったりすることも。秋生まれのふたりにとっては、居心地のよさが大事なので、形式や世間体にあまりとらわれない結婚を望むためです。

生活にすれ違いが多くなると、婚外恋愛が生まれやすくなり、離婚の危機も増えるでしょう。そのときの最善の選択の結果であるなら、電撃離婚もありのカップルと言えます。

自分が「冬」のとき

相手の過ごしている季節が「冬」

お互いの気持ちをわかり合えます。何か新しいテーマに取り組むことで、より関係が深まるでしょう。ミッションを共有することで、相乗効果が生まれます。

ただし、一度走り出すと歯止めが効かなくなって、あらぬ方向に暴走する可能性も。

相手の過ごしている季節が「春」

相手を応援する気持ちになれば、良好な協力関係を築けます。いい意味で頼りにしたり、甘えたりすることで、相手のモチベーションが上がっていくはず。

ただし、相手に依存しすぎると、うっとうしがられて、敬遠されることをあるかもしれません。

相手の過ごしている季節が「夏」

季節のサイクルが正反対の相手は、理解しがたいけれど、どこかうらやましくもある存在。自分との違いを認めて、距離感を持ってつき合いましょう。

いい部分は見習って、悪い部分は反面教師にすることが自分の学びになります。

相手の過ごしている季節が「秋」

不思議な親近感を感じて、手を差し伸べたくなります。利害関係のないつき合いをすることで、インスピレーションを与えてくれるでしょう。

負担になりすぎないお願い事をすることが、相手を成長をさせることに。

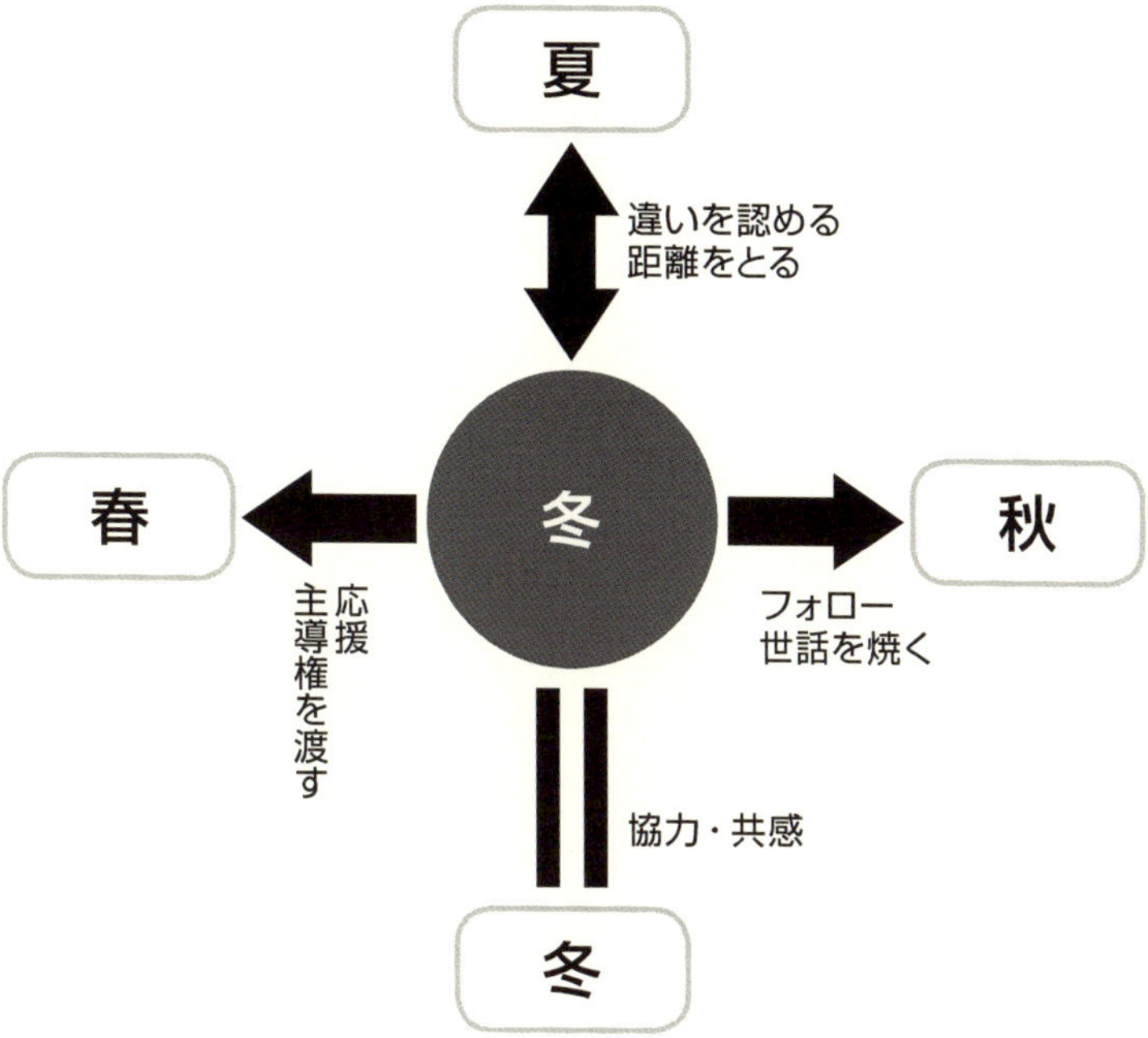
夏
違いを認める
距離をとる
春
冬
秋
応援
主導権を渡す
フォロー
世話を焼く
協力・共感
冬

自分が「春」のとき

相手の過ごしている季節が「冬」

気がついたら、あれこれ世話を焼いていることが多くなりそうです。相手もあなたを頼りにしてくれるので、一緒にいて心地よい関係を築けます。

過干渉になりすぎると、相手の可能性を狭めてしまうので寛容になりましょう。

相手の過ごしている季節が「春」

一緒にいると物心両面での豊かさがもたらされる関係です。ビジネスなどでコラボするのもいいでしょう。

ただし、いろいろな面で物事が拡大していく時期にあるふたりなので、調子に乗りすぎると、ワナにはまることも。

相手の過ごしている季節が「夏」

あなたの存在が相手の行動力に拍車をかけそうです。後押しをするという意味では悪いことではありませんが、場合によっては暴走させてしまうことも。

相手のペースに巻きこまれずに、客観的に接するようにするのがベストです。

相手の過ごしている季節が「秋」

エネルギーの方向性が真逆の相手。ときとして、意見が対立してしまうこともありますが、お互いの存在を認め合うことで、いい関係を保てます。

一緒に何かに取り組むよりは、オブザーバー的な立場で刺激し合いましょう。

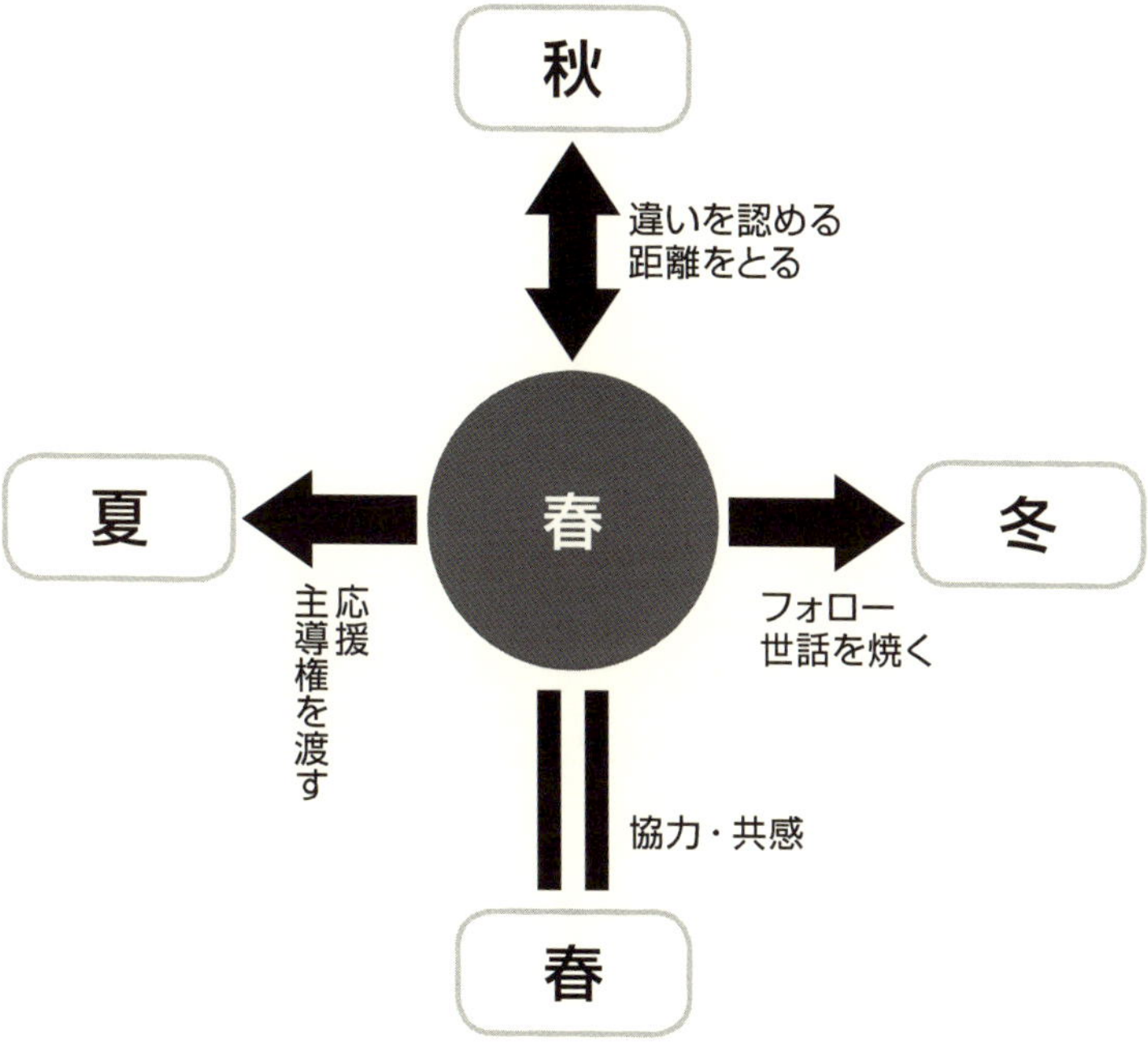

秋
違いを認める
距離をとる
夏
春
冬
応援
主導権を渡す
フォロー
世話を焼く
協力・共感
春

自分が「夏」のとき

相手の過ごしている季節が「冬」

両極の季節を過ごしている相手に、どこか物足りなさを感じそうです。でも、それは自分が通ってきた道でもあるので、広い心で接するのがいちばん。

いろいろ目につくことがあっても、説教や批判的なことは言わずに、黙って見守る姿勢をとって。

相手の過ごしている季節が「春」

あなたにエネルギーを注いでくれる相手です。一緒にいるとパワフルになれますが、増長しすぎないように注意を。客観性を持ってつき合いましょう。

一歩先の季節を過ごす先輩として、相手をリードしてあげるようにして。

相手の過ごしている季節が「夏」

エネルギッシュなふたりがそろえば、向かうところ敵なしといった状態に。大きな成功も夢ではありませんが、同時にリスクも大きくなるでしょう。

違う季節を過ごしている第三者を入れることが無用なトラブルを防ぐことに。

相手の過ごしている季節が「秋」

エネルギーがダウンしている相手を、あなたがサポートするとうまくいきます。相手を大切に思うなら、どんなときも誠実に向き合っていきましょう。

相手を甘やかすのではなく、本音でつき合っていくことが関係を良好に保つコツに。

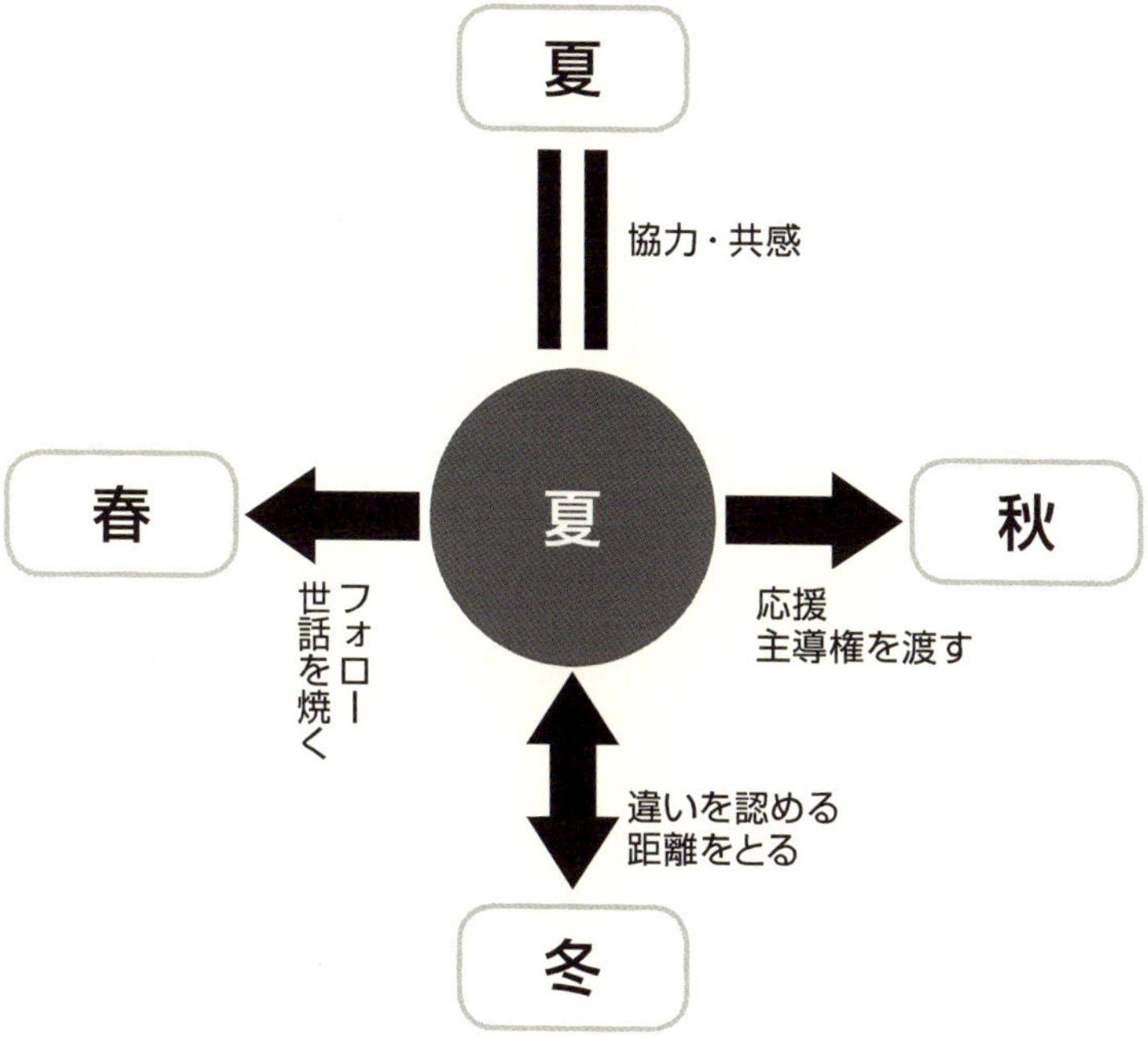
夏
協力・共感
春
夏
秋
フォロー
世話を焼く
応援
主導権を渡す
違いを認める
距離をとる
冬

自分が「秋」のとき

相手の過ごしている季節が「冬」

春夏秋冬サイクルのスタートに立っている相手を、企画やアイデアという形でサポートしましょう。遠慮はせずに、正直な気持ちを伝えることが大切。

自分で決断や決定をするのではなく、相手にゆだねる気持ちを持つとうまくいきます。

相手の過ごしている季節が「春」

自分とは対照的な季節を過ごしている相手に、相容れないものを感じるかもしれません。お互いの違いを楽しむことで、新たな可能性が生まれます。

一緒に何かをするなら、依存でない協力関係を築くことがポイントに。

相手の過ごしている季節が「夏」

エネルギーの方向性が同じ相手なので、不思議な親しみを持って接することができます。それは夏の次には秋がやってくることがわかっているから。

まるで親のような気持ちで、できることは何でもしたいと思うでしょう。

相手の過ごしている季節が「秋」

共感できる部分が多く、一緒にいると安心できます。頭脳プレーを必要とする場面では、強力なタッグを組めることも。

ただし、意識が内向きになっている者同士なので、一歩間違えると自己憐憫《れんびん》に陥ることもあるので注意しましょう。

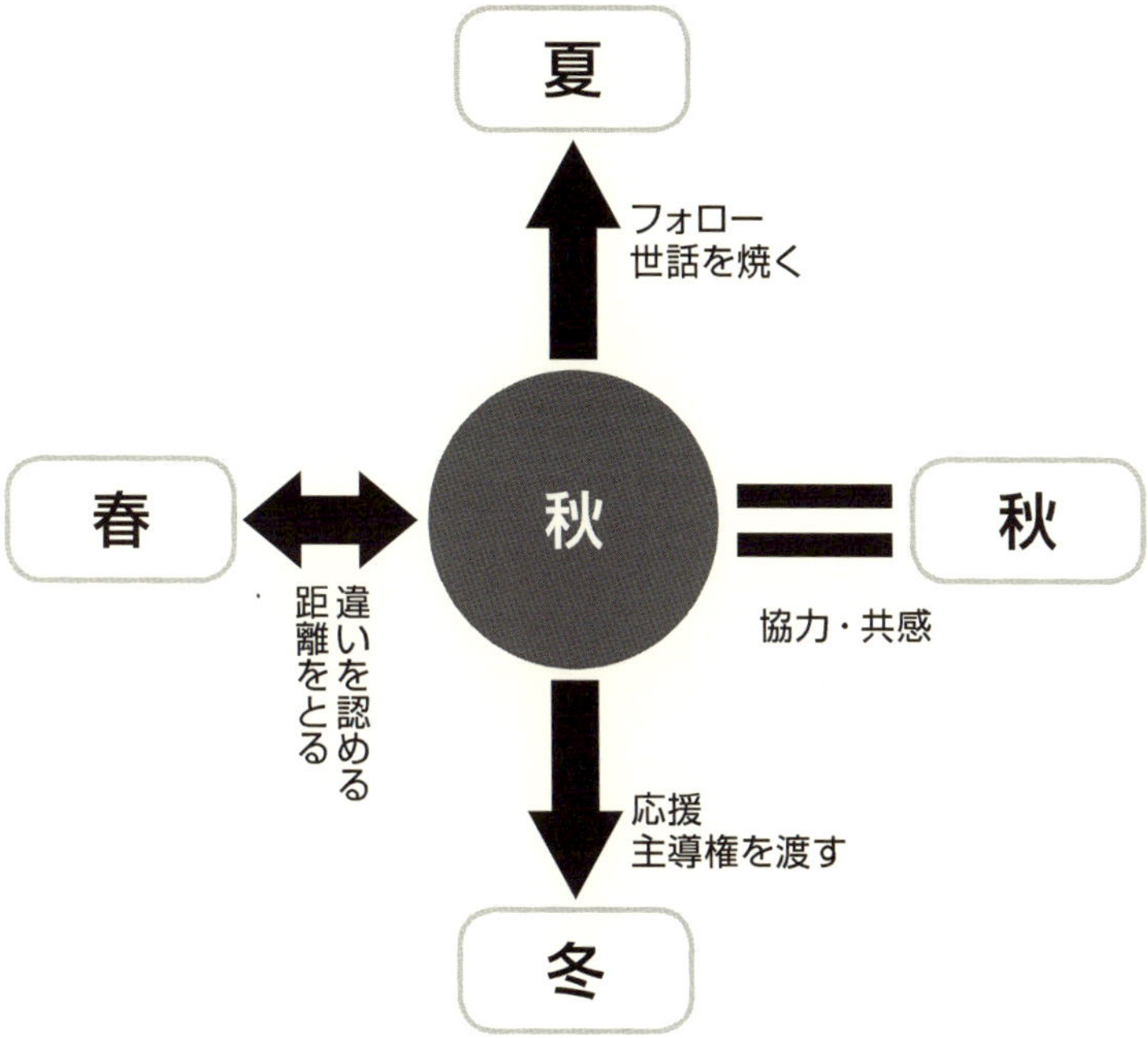
夏
フォロー
世話を焼く
春
違いを認める
距離をとる
秋
秋
協力・共感
応援
主導権を渡す
冬

第5章

「春夏秋冬理論」の実践例

「春夏秋冬理論」は、人生やビジネスに活かせるツール

ここまで「季節のサイクル」や「生まれの季節」について説明してきましたので、「春夏秋冬理論」とはどんなものか？ということは理解していただけたと思います。

ただし、いざ「活用しよう」となると、どうすればいいのか迷う人もいるのではないでしょうか。そこで本章では、実際に「春夏秋冬理論」を人生やビジネスに活用している人たちの実践例を紹介していきます。

「春夏秋冬理論」と出会い、活用することでどんな変化が訪れるのか？　みなさん自身の目で確かめてみてください。

また、本文中に「ライフロジック・パートナー（ＬＬＰ）講座」という言葉が出てきますが、これは「春夏秋冬理論」をコンサルティングやカウンセリング、ビジネスの場で活用したいという多くの声にお応えして、神田昌典氏と私が開催しているものです。

では、ここからは「春夏秋冬理論」の実践例をルポ、体験談、インタビューとさまざまな形式でお届けしますので、どうぞお楽しみください。

物語 季節の連鎖が生み出すコラボレーション「春夏秋冬」ストーリー

物語は動きたがっていた。

ここにご紹介するのは、「春夏秋冬理論」を実際に使い、ひとつのプロジェクトが自然発生的に生まれ、動いていった仲間たちの実話である。

理論はわかった。だが、どう自分の仕事とからめていけばよいのかがわからない――。そう思っている方へ向けての、ひとつの実例としてのルポルタージュである。

物語の登場人物は、「春夏秋冬理論」を学ぶライフロジック・パートナー（LLP・以下同）という勉強会で出会った5人のメンバーたちだ。

まったく別の仕事をしている5人は、最初はただの勉強仲間だった。それぞれが人生の岐路に立ち、自分の問題で精一杯。出発の風景は悩みに満ちていた。

最初に登場するのは、横田美宝子氏（52歳）。これからご紹介する「食のコラボレーション」の中心となる人物である。
「春夏秋冬理論」で言えば、冬生まれの彼女がやっていた仕事は、「3p.m.さんじ 自然の色を食べるおやつ&デリ」という自然志向のおやつの提案とデリバリーサービス。〝食〟の専門家で代表取締役だが、彼女から真っ先に感じる印象は、とにかく食に関する好奇心が旺盛で、アイデアが次々と湧き、それをさっとビジュアル化してしまう、敏腕プランナーであり華やかなプレゼンテーターという印象だろう。

横田氏の出自はテキスタイル畑。広告に湯水のごとくお金が使われたバブル全盛期に、華やかなファッション業界でCMや広告に関わってきた勘とノウハウが持ち味である。いわゆるキャリアウーマン、ディンクスの時代の申し子。
「寝ていなくても、ぜんぜん大丈夫!という顔で働くのが当時の美意識だったのよね」と横田氏は笑う。

そんな横田氏がなぜ、「春夏秋冬理論」にひきつけられたのか――。

横田氏がテキスタイルの世界から、現在の「食」の分野へ転身したのは35歳のとき。そこにはやはり一度、「失う」という体験があったようだ。

ひとつの転機は出産と病《やまい》だった。多忙を極めるなかで妊娠し、このまま走り続けてはいけないと考えていた矢先に、体調を崩してしまい入院することになった。

無事に出産するための入院は、結局7カ月の長きに渡った。走り続けてきたあとの、真っ白なブランク。生まれて初めての体験だった。

「不安はありましたよ。それまでやってきた仕事をすべてを失うということですからね」

結果的には経過は良好で、無事に出産を終えた横田氏は、子育ての経験を活かして新たな食のビジネスへ進出していった。季節は冬2。開花の兆しはまだ見えず、先も見えない。

そこから本格的に模索の旅が始まったのだ。冴えない時期が長く続いた。

「正直、スポットライトを浴びてあちこちから講師に呼ばれたりする人を見ていると、いいなぁ、なんであの人だけ？と思うこともありましたね」

あせりという魔――。まだ「春夏秋冬理論」を知らなかった横田氏はパッとしない自分と折り合いをつけるのが苦しかった。加えて子育てと仕事の両立。がんばりすぎて気が休まらない。

もちろん、ブレイクの萌芽はあった。当時すでに企画力のあった横田氏は「12星座のおやつ」を考案するなど、消費者の個別のリズムを活かした商品開発をしていたが、まだ「これ」という決め手には欠けていたのだ。

そこで出会ったのが「春夏秋冬理論」だった。ときは2004年、横田氏の季節は夏2。

さっそくそれまでの人生の振り返りをした横田氏は、「あまりにも理論とピッタリで、夢中になって1年かけてじっくり振り返りをしたんです」

数年後、季節は再びの冬2。ＬＬＰの「ゼロ期」と呼ばれる草創期のメンバーとして受講するという強力な種を植えた横田氏は、最初の出会いを迎えることになる。

その人物は熊谷佐知恵氏（44歳）。夏生まれの自称・〝イケイケドンドン・タイプ〟の彼女は、漬物製造の家業を継いで間もなく、自社ブランドの商品開発をするため、神田昌典氏の実践会に参加し、そこからＬＬＰを知り、勉強中だった。

「そのときは同期という以外、接点はなかったんです」と横田氏は振り返る。

「同じ〝食〟にはかかわってはいても、お漬物って、すでに完成した食品でしょう？ だから自分がコラボできるような余地はないと思っていた」

物語の冒頭はスローペースだった。勉強会後のお茶会や飲み会など、一見、ビジネスチャンスとは無縁と思えるイベントのなかで、ふたりはゆっくりと意気投合していく。そのうち横田氏の季節は春へと向かっていく。

ツアーで部屋が一緒だった夜には、熊谷氏に経営の相談をしたりもした。「春には私、こんなことをしていたわよ」と熊谷氏がアドバイスし、『春夏秋冬理論』はふたりの間の共通言語になっていく。当然、「一緒に何かできないかねぇ」そんな会話が出るようにもなってきた。だが、ここまではよくある話である。

多くは社交辞令に終わってしまう「一緒にやりたい」を実現へと進ませるには、強烈なフックが必要だ。その役を果たしたのが、來夢氏が主催する「お水採りツアー」だった。二人が出会って3年目。参加者の一人でもあったLLP自治会の会長がふと、「漬物を酒の〝おつまみ〟として考えてみたら?」と漏らしたのだ。

漬物は完成された食品で、自分が入る隙はない——そう思っていた横田氏の固定観念に、ヒビが入った瞬間だった。

「やってみようよ」

何しろ横田氏の季節は春2。さっそく料理の試作を始めた。ここから物語は急展開していく。横田氏は料理を試作しては撮影し、すぐさまアップして熊谷氏に見せていった。ビジュアル化し、すぐに形にしていく方法はテキスタイルと広告で培《つちか》った横田氏の強みだが、「ビックリしましたよ」というのが熊谷氏の第一印象だった。

「だって横田さん、浅漬けのキュウリを桂剥きにしちゃうんですから!(笑)。そんな発想、お漬物にずっとかかわってきた自分にはまったくなかった」

だが、これが当たった。そして熊谷氏を勇気づけた。

「当時私は冬2だったので、春2の横田さんが牽引してくれたんです。いま思えば、ふたりの季節の組み合わせがうまくいったのかもしれませんね。夏生まれの私は、いつもは自分でコントロールしたいタイプだから、元気なときならコラボは無理だったかも（笑）」

点と点が反応し合うと、そこには線が生まれる。線には自然とベクトルが生じ、一種の熱気をはらみ始める。ふたりのコラボからは〝何かが起こっている〟匂いがしてきた。

横田氏がウェブにアップする色鮮やかな料理の写真は、何かしたい、でもやり方がわからない、とモヤモヤを抱えるメンバーを刺激した。「自分にも何か形にできるかも」――。しだいに横田氏は、ＬＬＰの会合で発表をするなど、メンバーから注目される存在になっていく。

そして横田・熊谷という線に3人目が加わったとき、「食のコラボレーション」は面的な展開になってきた。

第三の人物は、酒の小売店を経営している、冬生まれの大室元氏（39歳）である。きっかけは、やはり何気ない会話の流れからだった。

日本酒の売り方を模索していた大室氏が、先輩である横田氏に売り方のヒントを仰いだのだ。このとき横田氏は、「春夏秋冬のお酒」というアイデアを出した。つまり既存の日本酒のなかから、各季節の人に合った酒を選び出してみては、という発想だ。

「おもしろいなと思いました。そんな商売のやり方があるんだなと刺激されました」

大室氏はすぐさま取り組んだ。幸運なことに、その頃、横田氏は銀座三越で期間限定の出店をしており、料理と酒のコラボレーションはすぐに実現した。

……と、ここまでは〝ありがち〟な話かもしれない。最初のコラボではお客の反応も悪くはなかった。ここで満足してしまう人もいるだろう。だが大室氏は違った。「お酒、美味しかったよ」という印象の薄い反応に、大室氏は危機感を抱いたのだ。

そこで自社で始めようと思っていた「日本酒女子会」という試飲会を、LLPの仲間を巻き込み、コラボの形で続けることにした。葉山（神奈川県）にある横田氏のスタジオ兼カフェを借り、熊谷氏の漬物ともコラボしてみる。

せっかくもらったアイデアだ、「春夏秋冬の酒」も12種類はきちんとセレクトしたい――。

そんな大室氏の背中を見て、LLPの仲間がマメに顔出してくれるようになった。ゆっくりとだが会は仲間内で定着し、大室氏は妥協せずに「春夏秋冬の酒」のプロトタイプとなる全12種類を選定し終えることができた。

やめないこと。発信し続けること。たったひとりで続けるのは難しいが。大室氏はメンバーから期待をかけられる状況に自らを追い込むことで、継続を可能にしたのだ。

その頃から、食のコラボのグループの空気も変化してきた。横田氏は言う。

「ちょうどLLPが自治会になって、受講生が学び終わって散り散りになるのでなく、メンバーがいろいろな会を催して、頻繁に集まれる体制になった。それが大きかったですね」

派手な打ち上げ花火はなくても、いつも仲間が顔を合わせてわいわいと提案やダメ出しをし合う場があれば、その場は磁力を持ち始める。地道な集《つど》いが重ねられ、食のコラボレーションは発信力と求心力を持ち始めた。次第に「あの人たちの仲間に入りたい」という空気も生まれてきた。

その頃に仲間入りしたひとりに、6期の受講生で製茶業の傍ら、「ぬれせんべい」を焼いていた小山洋行氏（42歳）がいる。

小山氏の参加の経緯はちょっと特異だった。

当初、小山氏はLLPをまだ受講していなかったのだが、彼の焼いたせんべいをメンバーが「友人が焼いたものなので」と差し入れしたところ、大人気になってしまったのだ。

「ビックリしましたよ」と小山氏は、自分が初受講した瞬間を振り返る。

「だって初対面だというのに、僕の顔を見るなり、いっせいにみんなが『ぬれせんをこうしてみたら？』と、いろいろなアイデアを出してくれたんですから。いやぁー、嬉しかった」

実は小山氏は友人から再三、受講を勧められていたのだが、福島原発事故の影響で近隣の茶葉から基準値を上回る放射能が検出されるという大打撃を受けて以来、経営の立て直しで手一杯だったのだ。やっと身辺が整い、晴れてメンバーになれたのは春2のとき。そこでのいきなりのアイデアラッシュという洗礼に、小山氏は戸惑いつつも感動した。

すぐにFacebookを通じて横田氏からの試作の依頼が入った。最初の試作はダメ出しされたが、横田氏はすぐに第二のミッションを与えてきた。

「年末の総会でお披露目するように」

小山氏が受講し始めて2カ月後のことである。

「さすがに、これは本気で期待に応えないと、と思いましたね」

発表はぶっつけ本番。総会当日、みんながせんべいを口にするのを、小山氏は見守った。と——。

「一口食べた友人のメンバーが、駆け寄ってきてくれたんです。そして『前回のよりも十倍美味しいよ！』と言ってくれた。もうね、お尻を叩かれ、背中を押されたおかげで、引っ張り上げられた感じです」

小山氏は現在、引き続き試作の真っ最中で、どんな課題にも秋らしく「来る者拒まず」の気持ちで取り組んでいく覚悟だと言う。

それにしても、ただの差し入れのせんべいをスルーせずに、ビジネスチャンスにつなげてしまう、この集まりのパワーはどこから来るのだろうか。

メンバーは異口同音に、「〝共通言語〟があったおかげだ」と言う。横田氏は分析する。

「みんな『春夏秋冬理論』を共有している者同士。その信頼できるベースがあるから、話が早いんです。ふつうなら説得したり、信頼関係を築いてからでないとできないビジネスの話も、ショートカットできてしまう。みなさん自分のこれまでを振り返って、ピリピリと皮膚をはがすような振り返りの作業をしてきて、人生ってリズムがあるよね、ということを心から痛感している人たちですし、『知りさえすれば使えるのに！』、人にも教えたい、と思っているところも共通ですしね」

3期の中山博之氏（44歳）も、そんな想いを共有するひとりだ。

夏生まれの中山氏はIT畑の人間だが、実はアトピーで悩んでいた。冬1のとき、中山氏はコタラという糖質カットの効果があるとされる茶葉と出会う。ここに商機があるのでは？　勘が働いた。神田昌典氏の勉強会をきっかけにLLPに参加した中山氏は、講師だった横田氏に、「ちらっと」相談してみることにした。

「バーベキューの集いで、3～4人で話をする機会ができたときに、アドバイスを仰いだんです。でもそのとき自分は冬2だったので、『新しいことをやるには向かないんですよねえ～』なんて相談したら、横田さんや他のメンバーから『何言ってるの！』と。『種蒔《ま》きには最適の季節なのよ、もっとちゃんと勉強しなさい』と叱られまして（笑）」

あたたかい叱咤激励が中山氏の背中を押した。

やってみるか――。

勇気を得た中山氏は、横田氏の銀座三越での出店を陣中見舞した際に、とりあえず茶葉のサンプルを持参し、置いて帰ってみた。

しかし、横田氏が〝宝の芽〟を「とりあえず」のままにするわけはなかった。さっそく彼女は試作を開始した。コタラ入りキッシュ、コタラ入りジャム……。さらには次回の出店でコタラを使いたいと三越との企画会議を通してしまったのだ。

「もうビックリ仰天ですよ。何しろ講師としてスゴい人だな～と遠目に見ていた横田さんと、LLPに入ってほんの1年とちょっとでコラボレーションできるなんて」

出店は無事に成功。だが達成感に浸る暇はない。これを単発で終わらせるのはもったいない。「続けましょう」の横田氏の言葉に、中山氏はその後も「コタラ・ランチ会」と銘打って試食会を継続し、現在では横田氏がプロジェクトとして続けていた相模女子大とのコラボで「コタラ入りチョコケーキ」として商品化も実現。さらにはLLP会員の口添えで茶葉をスリランカから直輸入できるルートも確保できそうになってきた。

何だろう、この流れは。

おもしろいように場へ宝が持ち込まれ、仲間内からにスターが生まれ、それを他のメンバーが後押ししていく。ひょうたんからコマが日常的に起こっていく。そこには何が働いているのだろうか。

「強《し》いて言うなら、マインドがオープンだった、ということでしょうか」と中山氏は自身に起こったプラスの連鎖について振り返る。

「僕はこれまで、がむしゃらに自分ひとりで頑張るスタイルでやってきました。ふつうに考えたら、目標をつくってそこへ向けて自力でがんばるのがビジネスのやり方ですからね。でも食のコラボでは、まるでわらしべ長者みたいに、次々とひょんなことから仕事が広がっていった。ふつうではありえないですよ。それはやっぱり、ここは信頼できる人が集まっているなと思えたからかもしれません。この人のことは信じてみようか、やってみようか……、そう思えた。そしてやってみたのがよかったのでしょう」

「ここの仲間のつながりって、不思議なんですよね」と語るのは、5期のメンバーである夏生まれの土田祐士氏（38歳）だ。

「ふつうビジネスって、ギブ&テイクですよね。でもここの仲間は、人と人を引き合わせて、AさんとBさんがつながれば、それでいいじゃない？って、そんな空気がある。食のコラボも、儲かるからやろうぜ！じゃなくて、『春夏秋冬理論』を使った商品をつくって広めて、それが喜ばれて、結果、お金にもなったら最高だよね、というところがある」

土田氏は大手ゲームメーカーでゲームをつくってきたが、秋3で実家の酒蔵へ戻り、冬に修行し、春に杜氏《とうじ》兼代表になったという変わり種メンバーだ。転機にあたって神田昌典氏の本を読み直し、そこからLLPへとたどり着き、食のコラボではコタラ茶葉を使った一種のリキュールの試作に取り組んでいるところだ。

「実は再び秋3を迎えているいま、テンションが思いっきり落ちてます（笑）。だからこれからはみなさんに貢献できるように、種蒔きしていきますよ」

経歴も状況も、おもしろいほどに凸凹のある、食のコラボのメンバーたち。

いまが耐えどきの者もいれば、最初のつぼみが開きかけている者もいる。それをみんながとても自然に認識していて、つかず離れず、ほとんど無意識に足並みをうまく加減しながら並走している。その落ち着いた信頼感と、言うに言われぬあたたかな関係性が、他のつながりとは決定的に違うところなのかもしれない。

横田氏は理論を知ったことで、人とのリレーションもよくなったと言う。

「あの人はいま、冬だからゆっくりペースなんだよね、なんて思うことができる。これまでの私なら、ゆっくり歩くようなタイプの相手とは、とても一緒に仕事なんてできなかったけれど、いまは『ああ、あの人にはそれが自然なんだ』と思えば待っていられる。そして、あなたの歩調でしか見えない景色を私にもシェアしてくれない？と、そう言えるようになりました」

さて。次には、誰が、どんなひょうたんからコマを飛び出させるのだろうか——。

「大縄跳びと同じですよね」

横田氏はそう微笑む。

「あれって次々に順番が回ってくるでしょう？　昔はね、私も跳んでいる人を見て、いいなぁー、なんで私だけ跳べないの？　私も早く跳びたい！って思っていました。でもいまは『ああ、あの人はいま春3から夏。やっぱりあの人の番なんだなぁ』と思える。そして焦らないでちゃんと自分がやるべきことをやっていると、順番が回ってくるんですよね。そして思いきり跳んでから、また列の最後に並べばいいんです」

彼女はもう一度、繰り返した。

「うん、ホントに順番なんですよ」

どうやらこれからも、コラボレーションは終わりそうにない。

登場人物

横田 美宝子

株式会社 3.SUN.TREA SURE 代表取締役。葉山で自然の色を食べるおやつ＆デリ「3p.m. さんじ」を運営。冬生まれ。自然の四季と人生の四季をリンクさせた食べて活かす養生FOODSも開発。

熊谷 佐知恵

株式会社マルカツ 代表取締役。上州あさづけ便り二代目漬匠。心理カウンセラー。夏生まれ。「春夏秋冬理論」をマネジメントで活用し、自分らしく輝き主体的に活躍する人を増殖中。

大室 元

東京都府中市で170年続く酒販店、株式会社しめのうち取締役。冬生まれ。「春夏秋冬理論」の季節のテーマ別に12分類した 日本酒をご紹介。「日本酒女子会」も主催している。

中山 博之

アイ・シー・エス通商株式会社コタラヒム本舗代表。夏生まれ。糖質カットの効果があるとされるスリランカハーブ『コタラ』をキッカケに、LLPを通じて起 こるプラスの連鎖を体感中。

土田 祐士

土田酒造株式会社六代目当主。夏生まれ。「春夏秋冬理論」をビジネスに取り入れて、社員の目標管理 や、コミュニケーションのツー ルとして活用を始めている。

体験談　「春夏秋冬理論」が人生を変えた！

父からの独立と起業までの過程――玉川一郎さん

2003年、私にとっての春1年目は、やることなすこと、とにかく目立った年でした。神田昌典さんの顧客獲得実践会では社長のアカデミー賞を受賞、フォレスト出版のハリウッドスタイル・プレゼンテーションセミナーでは優勝。当時は父の会社の副社長をしていたのですが、たった1カ月で1年分を超える利益をたたき出し、税金対策という嬉しい悩みに追われたほどでした。

状況が変わったのは春3年目。大当たりしていた広告が突然メディアに拒否され、売り上げは下がり続け、お客様のクレームが増えていきました。それまでのやり方では限界を感じながら、ただ手をこまねいているうちに赤字は累積していったのです。

2006年の夏1年目。とうとう自分も父も給料が取れなくなりました。父は毎日、私を怒鳴りつけ、それがもとで酒量が進んで肝臓が悪化。身も心もボロボロになりました。そんなときです。ふと父の春夏秋冬を調べてみたら、私と正反対の冬1年目にあたることに気づきました。私はエネルギーが最大になろうとし、父は最低になろうとしている。ならば、「いまこそ、父と正面から立ち向かうときではないか」と考えました。

夏1年目の夏2カ月目、2006年11月30日に、思いきって会社の在り方を根底から覆す提案をひっさげて父と談判。生まれて初めて父と怒鳴り合った1時間ののち、「よし、お前とは別れよう」と宣告されて、父の会社を辞めることになりました。


私にとって夏は、それまでは直面しないですんできた、棚上げにしてきた人生の大問題に対して、挑戦しなければいけない時期でした。「夏はいい時期じゃないの?」と疑問に思う人は多いかもしれません。夏は目標に向かい、エネルギーが高まる時期です。

しかし、私は目標を定めることよりも、一緒に歩んできた仲間との触れ合いを楽しめる冬の時期のほうが楽しく感じます。それは私が「冬生まれ」だからなのでしょう。そんな私が真の目標に向かって歩む勇気ときっかけをもらったのが「春夏秋冬理論」だったのです。


父の会社を辞めたあと、およそ半年間は何も仕事をする気になれませんでした。それはあたかも人生の夏休みだったように感じます。そのとき、ちょうどマインドマップの日本第1期インストラクターになって、講座を創り上げるチームメンバーになりました。

お金にはならず、貯金を食いつぶす日々。でも、創造する喜びに満ちて、とても楽しい時期でもありました。いよいよ貯金が底を尽くかというとき、マインドマップ講師としてデビュー。夏2年目の終わりには講座が満席、3カ月待ちになったのです。

夏3年目に入ると、今度はフォトリーディング講師としてデビュー。こちらも満席が続き、8月には株式会社を設立して、セミナー事業を本格的にスタートすることになりました。

秋1年目になると自分のセミナールームを持つことになり、大学新卒のスタッフを2名採用。秋の3年目には講談社から『マインドリッチ　人生を変える新しい価値観』という著書を出版するに至りました。オフィスを構えることも、出版することも、それまで考えてもいなかったことです。それが「ただでもいいから働かせてほしい」と言われ、自宅と駅からそれぞれ徒歩1分以内の場所が借りられ、予想もしなかった大きな成果を手に入れることができた、まさに収穫の秋でした。

私が「春夏秋冬理論」を伝えるライフロジック・パートナーを取得したのは秋2年目の2010年。それからはただ活用するだけでなく、講座で教える立場になりました。そこからいよいよ学びが深まったことで、人生最大の成果が訪れました。

その翌年、ある女性とおつき合いすることになったのです。実は私はいろいろ考えるところがあって、結婚はしないものと決めていました。この女性も知り合ったのはその5年前。まったく対象としては考えていなかったのです。

あるとき共通の友人から「ふたりで飲みにでも行けばいいじゃん」と勧められました。もし「春夏秋冬理論」を知らなかったら、いまさらデートをすることもなかったはずです。でも、秋は頼まれ事、他人からのお誘いはとりあえず受けてみる時期だと思い、銀座でデートすることに。すると、どんどん仲が深まり、秋3年目、私の出版記念パーティーで婚約発表をするに至りました。2012年は、私の冬の始まり。その年の2月に彼女と結婚しました。これも新しい人生のサイクルのスタートは冬だと考えたからです。

「春夏秋冬理論」に出会っていなければ、講師としていまの仕事をしていることはありません。まだ父の会社にいて悩み苦しんでいたことでしょう。本を出すことも「自分が著者になるなんて」と断ったでしょう。そして結婚もしていなかったでしょう。

私は人生の大きな節目を、思いきって行動するために、「春夏秋冬理論」を活用してきました。それは真の自分の人生を生きることにつながったと思います。心底感謝するとともに、これからもこの経験をみなさまにお伝えし、羅針盤のない人生に道しるべのともしびを灯す手助けをしていきたいと願っています。

春の訪れを知る最強理論――西山 雄一さん

いまの私にとって、「春夏秋冬理論」は、なくてはならないものになっています。人生全般での指針として活用することはもちろんですが、仕事においても欠かせないものとなっています。私は講演やコーチングを仕事にしていますが、講演のなかには、必ず「春夏秋冬サイクル」の話を入れていますし、コーチングは、「春夏秋冬理論」のメソッドを中心にして行なっています。

また、「春夏秋冬理論」のコンテンツ開発や、講師養成のお手伝いもさせていただいているので、私の仕事の大きな部分を「春夏秋冬理論」が占めていると言っても過言ではありません。

私と「春夏秋冬理論」の出会いは2002年、神田昌典先生によって「春夏秋冬理論」が初めて公開された年です。A4の2枚の紙にまとめられた、「春夏秋冬理論」の概要を読み終わった直後、「これはすごい！」と感じました。そして妻と2人、自分たちの過去の出来事を書き出し、生まれて初めての「自分年表」を書いたのです。すると、確かに一定のサイクルが見えてきました。この瞬間から、夫婦2人での「春夏秋冬理論」の活用が始まったのです。

このときの私は「春2年目」。冬の時期に当時、神田先生が主宰されていた、「顧客獲得実践会に入会する」という種蒔きを行なっていたので、それが「春夏秋冬理論と出会う」という形で芽生えたのでしょう。

その後、ことあるごとに「春夏秋冬サイクル」を意識するように心がけてはいたのですが、なかなか「そうか、わかった！」という感じにはなりません。何しろ当時の「春夏秋冬理論」は生まれたばかり。学ぶ場も限られていましたし、実例も現在のように豊富に集まっていたわけではありませんでした。なかなか腹に落とすことができずに、もどかしく感じる数年間を過ごしていました。

しかし、2010年11月、「ライフロジック・パートナー講座」の第1期が開催されることになり、「春夏秋冬理論」を神田先生、來夢先生から直接学べる機会がやってきました。すぐにでも参加したかったのですが、当時の私は秋の3年目。決してやってはいけない、秋の過大投資をやってしまった影響で、金銭的にかなり厳しい状況に陥っており、講座の参加費を捻出するのが難しい状況でした。しかし、この機会を逃してしまったら、次はいつになるかわかりません。そこで、夫婦2人での参加は諦め、第1期には妻が1人で参加させていただきました。

その後、妻が講師となって順調に講座を開催し続けていたのですが、その内容は私にとって満足できるものではありませんでした。そこで、「自分で講師として立つしかない！」と決意し、講座参加費用を工面して、2012年に「ライフロジック・パートナー講座第3期」を受講しました。

そのときの私のサイクルは冬2年目。前の12年サイクルでの失敗を踏まえて、「次の12年サイクルは講師としてやっていく！」と決意し、必死で種蒔きをしている最中でした。そんなかでの講座受講は、まさしく「復活を目指した種蒔き」と言えるでしょう。

資格取得後、私は講座を開催し続けました。現在も継続していますが、月に1〜3回は講座を開催しています。正直、「春夏秋冬理論」の認知度はまだまだ低く、「お金が稼げるコンテンツ」ではありませんでした。それでもやり続けました。周囲から「不動産コンサルのほうが儲かるのだから、そちらに力を入れたほうがいい」とも言われましたが、「春夏秋冬理論」に対する思いが強かった私はそれでもやり続けました。

これは、私に人並み以上の根性があったからではありません。このときの私は2013年で、「冬3年目」。この季節のテーマは、「お金がなくなるかもしれない。周囲から反対されるかもしれない。それでもやりたいのか？　それを自分に問う」というものです。私は自分自身に問うた結果、「どんなにつらくてもやり続ける」という判断を下し、やり続けたのです。

その結果、2014年に「春1年目」という芽吹き、拡大の季節を迎えた私は、数年前には受講生の立場であった、「ライフロジック・パートナー講座」に講師のひとりとして立つことができました。また、コンテンツ開発や講師養成にも関わっていけるようになったのです。収入の面でも、「春夏秋冬理論」を活かしたコーチングの依頼をいただけるようになり、冬の時期とは比べ物にならないくらい安定しています。

「春夏秋冬理論」を知っていたからこそがんばれたわけですが、その教えのなかでいちばん役に立ったのは、各季節ごとのテーマ。そして、「真っ暗なトンネルを抜ける時期」がわかっていたということです。夏生まれの私にとって、冬の時期は寒く、つらい季節です。しかし、いつ春の季節になるのかを私は知っていました。だからこそ、春の訪れを信じながら、精進を続けることができたのです。

私は「春夏秋冬理論」のおかげで、人生を上昇に展開させることができました。ほかの多くの方たちにも同じような経験をしていただきたく、私はこれからも、講座を開催し続けていくつもりです。

実体験を検証して「春夏秋冬」を裏付け──山口　浩則さん

初めて「春夏秋冬理論」を知ったのは２００４年。私にとっては、秋2年目のときでした。その頃の私は、32歳でメーカーの営業からＩＴ業界に転職し、プログラマーとして数々の業務アプリケーションの開発に携わっていました。しかし、短期のプロジェクト開発が多く、年に2、3回は働く環境も人も変わってしまうというなか、「このまま40代になったら、人脈もキャリアも何も残らないのではないか」という焦燥感や閉塞感を抱いていたのです。とはいえ、年齢的にも次の転職は難しいなと思っていたときに、「春夏秋冬理論」と出会いました。

出会ってからは、自身の年表作成と振り返りを行ない、各季節の課題やテーマを日常の生活や仕事のなかに取り入れて過ごしてみようと思いました。そうしたサイクルを8年ほど続けたのちに、「ライフロジック・パートナー講座」を受講することになったのです。

そのあと押ししてくれたのも、「春夏秋冬理論」でした。私の生まれた季節は夏。そして春夏秋冬サイクルでは、受講を迷っていた年は夏1年目で、開催された4月は夏1カ月目にあたりました。自分の生まれた季節は、本領発揮の季節と言いますが、まさに夏が重なった「夏みっつ！」なタイミングでした。

これまで、その季節ごとの課題やテーマを意識しながら、自らのサイクルを観察し検証してきたなかで迎えた夏1。夏1の課題とテーマは「満喫とチャレンジ」。ここでチャレンジをしなくてどうするんだと、自身に言い聞かせて受講を決めました。

受講後、翌月には10人ほどの親しい友人にお願いして、「春夏秋冬理論」の説明や、その人のサイクルや季節生まれに合った人生の読み解きをトライアル的にさせていただきました。そこで得た、「私でもお役に立つことができる」という経験や友人からのフィードバックは、現在も講師活動を続けられている原動力になっています。

そして、初めて「春夏秋冬理論イントロダクション講座」を開催したのが、受講後2カ月が過ぎた七夕の日でした。初めての講座は緊張でガチガチになり、いま振り返っても気恥ずかしさでいっぱいだったことを思い出します。それでもなんとか初回を終え、翌月に2回目を開催することができました。

元々、その年中には必ず3回開催すると決めていました。ところが2回目まではスムースに開催できたあと、一緒に開催準備をしてくれていたチームが解散となり、後ろ盾がなくなってしまいました。どうしたものかと思っていたところ、偶然にもいろいろな勉強会を主催する人との出会いがあり、その人の開催支援を受けることができて、無事その年に

3回目を開催することができたのです。これもエネルギーが高いと言われる夏期だからこそ！　やると決めたことは、途中で問題が起きても、乗り越えられていくものだと、改めて春夏秋冬サイクルに沿って行動する大切さを体験することができました。

翌年は、同じことをやっても成長がないと思い、自分なりのサブテーマを決めて開催するようにしていました。そんななかで思いもしなかった講師依頼が飛び込んできたのです。なんと、「ライフロジック・パートナー講座」で「春夏秋冬理論イントロダクション講座」をやることになったのです。それも「春夏秋冬理論」の産《う》みの親である、神田先生や來夢先生もいらっしゃる前でのこと。初開催どころの話ではありません。降って湧いたようなお話だったので、その場でしばらく考えこんでしまいました。

講座を開催したといってもまだ数回のみ、多くても16名ほどの参加者の前でしか講師をやったことがない自分が選ばれてしまったという感じです。

しかし、依頼の趣旨をよく聞くと、講師経験がない人でも「春夏秋冬理論イントロダクション講座」を開催できるというところを受講される方々に見せてあげたいとのお話でした。それならば、こんな私の経験でもお役に立つことがあればと思い、季節も夏2年目の「限界に挑む」という課題もあり、挑んでみようと決めました。

そして、その年は、計10回講座を開催することができ、翌年も同じく10回開催しています。「ライフロジック・パートナー講座」を受講してからの3年間は、私の季節サイクルでは夏期の3年間にあたりました。夏のテーマは「可能性を伸ばし、成長期を過ごす」。テーマを意識したうえで季節の後押しがあったからこそ、ここまで続けてこれたのだと思っています。私自身、「夏みっつ！」で、これはやるしかない。やれるところまでやってみようとあらかじめ決めていたからこそ続けることができたと思います。私にとっての夏期の意味は、「自分の枠を越えていく」ことでした。

「春夏秋冬理論」が活用しやすいのは、やるべきことをやるべきときがわかり、苦手なことや問題が起きても、そのときの季節である課題やテーマを意識することで、リフレーミングしやすく、問題もクリアできるということ。

ときどき道に迷ってしまうこともあるかもしれませんが、「春夏秋冬理論」が伝える各季節のメッセージを受け取り、活かしていくことで自らを導いていくことができます。

誰かに言われたわけでもなく、自らの意志で動いていくことで「自分の軸」を確かめることができ、自分を信じることで、自信が持てる。そう思わせてくれる「春夏秋冬理論」は、私の羅針盤になっていると言っても過言ではありません。

体験談　「春夏秋冬理論」から生まれた画期的アイテム

春夏秋冬の質問が入った「月のリズムカード」を作製――マツダミヒロさん

「初めて『なぜ春はこない？』（実業之日本社）を読んだときに、なぜ自分の人生がうまくいっていないのかがわかったんですよ」

そう語るのは、質問家のマツダミヒロ氏。数々の著書を出版し、日本はもちろん海外でも講演活動を行なっている。「生きることは仕事であり、それがライフワークだ」と言いきるマツダ氏だが、実は「春夏秋冬理論」に出会ってから、仕事に対する考え方にも変化が生まれたと言う。

「自分の人生のリズムを俯瞰《ふかん》して見ることができるようになったおかげで、エネルギーの使い方が変わりました。これまではがむしゃらに勢いに任せて動いていたのが、今年はこう過ごそうとか、来年はこうだから、いまのうちにこれはやっておこうとか……、人生の流れがわかることで、頭のなかにイメージが浮かび上がってくるようになりました。あとは現実が流れるのを待つ感じですね。そうなったことで、できることがどんどん増えてきているような気がします」

テレビやラジオへの出演、海外でのセミナー開催、ユニセフから絵本が出版されるなど、活動範囲がどんどん広がっているマツダ氏だが、その原点は「魔法の質問」だ。

質問するだけで魔法にかかったようにやる気と能力が引き出され、行動が起こせるようになる独自のメソッド「魔法の質問」を日刊メルマガで開始し、クチコミによって広がっていった。現在では、2万人が読むメルマガとなっている。

実は、「ライフロジック・パートナー」でもあるマツダ氏は、「春夏秋冬理論」と組み合わせた「魔法の質問」をつくっている。

「きっかけは、來夢先生が出されている「來夢VOICE」にゲストで呼んでいただいたことです。質問とは、自分との対話であり、質問によって人生が決まると言っても過言ではありません。そういう意味では、自分の人生と向き合うツールである『春夏秋冬理論』と組み合わせることで、より多くの人に活用してもらえると思ったのです」。

さらに、マツダ氏のアイデアは、それだけにはとどまらなかった。春夏秋冬の「魔法の質問」をカードにしてしまったのだ。

もともとは來夢氏の『月のリズム』（きずな出版）からインスピレーションを得て、「新

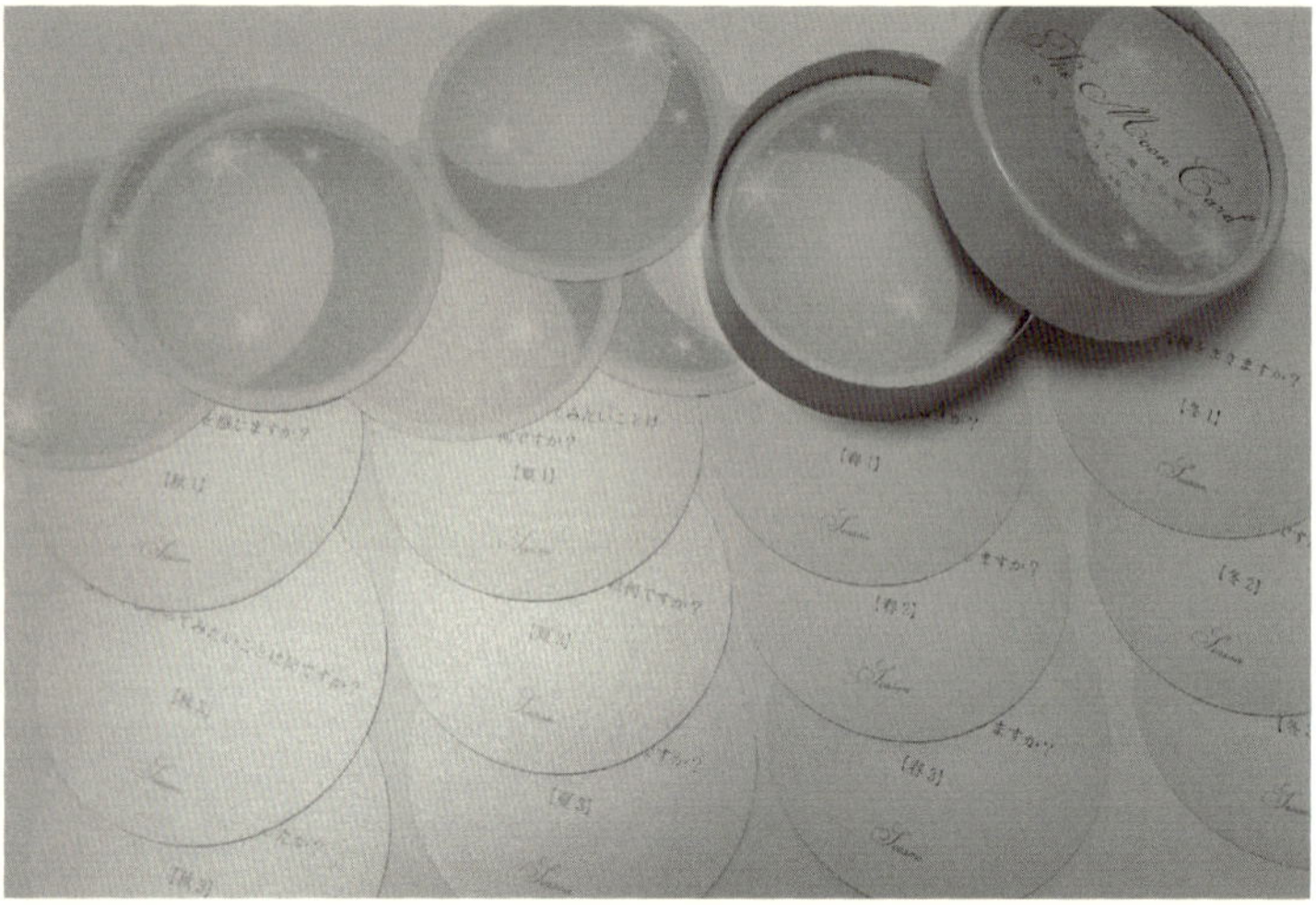

月と魔法の質問」で「月のリズムカード」をつくろうと思っていたのだが、54枚のカードのなかに「春夏秋冬の質問」も入れることにした。

「サイクル」という意味では、月もサイクルであり、春夏秋冬もサイクル。人生のサイクルと質問を組み合わせることで、より上質な質問が生まれると直感したからだ。そして、春夏秋冬の質問が入った「月のリズム」が誕生。お披露目の場となった講演会には、多くの人が集まり、春夏秋冬や月のサイクルを通して自分と向き合う質問に高揚している様子がうかがえた。

さらに、マツダ氏は來夢氏のパートナー講師として、「View of life ～人生に刻まれた自分の時間に気づく旅～」という講座にも登壇。

この講座は、來夢氏がオリジナルで考案したもので、これまでの人生を振り返ることで、自分で選んできた人生の意味を知り、これからの人生を考えていこうというもの。「春夏秋冬理論」の講座のなかでは、エンディング・ノート的な役割を担っている貴重な講座になる。

「來夢先生は、僕にとって母のような存在。そんな先生からお声をかけていただいたのは、とても光栄なことです。『春夏秋冬理論』だけでなく、他の星の情報も取り入れているのが來夢先生ならではで、僕自身もとても学びの多い講座です」

春夏秋冬の質問が入った「月のリズムカード」の実現、來夢氏との新しい講座といった出来事が次々と展開していったのは、マツダ氏にとって秋3年目の年。まさに「収穫を楽しむ時期」となったわけだ。

「秋をひとつの区切りと捉えたら、次の冬からは新しいステップにいくと思います。考えることも、やることもこれまでと同じようなことではなく、次のステップになるように過ごしていきたいですね。そのためには自分の心に素直で、正直に過ごせたら幸せですね」

春夏秋冬のサイクルを意識することで、魅力的な仲間が増え、より大きなことに取り組めるようになったと実感しているマツダ氏。今後の活躍がますます楽しみになってきた。

「春夏秋冬理論」をベースに「花」と「石」に展開――西山 恭枝さん

冬2年目という土づくりや地固めのタイミングで、「ライフロジック・パートナー講座」を受講したのは西山恭枝さん。多忙なご主人に代わっての受講だった。

「『ライフロジック・パートナー講座』は、想像以上の内容でした。先輩の受講生の方たちの『春夏秋冬理論』の発表があったのですが、顧客の方への活用、商品への活用と、幅広いビジネスへの活用法を学ぶことができました」

有意義な話を聞けただけでも大満足！という充実感があったが、西山さんの意識は、すでに次のステージに向かっていった。

「自分のビジネスに、どう役立てることができるのか？」という発想が持てるようになったというのだ。ちなみに西山さんの本業は、ガーデニング講師。そこから「『春夏秋冬理論』と『花』をコラボさせたい！」と思いついた。

「この発想のヒントをくださったのは、『春夏秋冬理論』をツールとして活用され、商品化されていた『3p.m. さんじ』の横田美宝子さんでした。横田さんは発想力だけでなく、『色』にこだわって食を意識していたのですが、花にとっても『色』はとても大切なこと。とくに私のガーデニングのこだわりはデザイン性なので、とても共感できました。そして

『春夏秋冬理論』と『食』の結びつけのヒントをお聞きでき、食べ物にある栄養価や薬味の効能などを活用されていたことから、お花へも花言葉や神話、言い伝えを活用していくというヒントをいただいたのです」

だが、実際に取り組んでみると、そんなに簡単には進まなかった。混乱したポイントは3つあった。1つ目は、自然の春夏秋冬と、人生のサイクルの春夏秋冬とでは季節が同じにならないということ。2つ目は、大きな12年というサイクルでは、花自体の寿命で枯れてしまうということ。3つ目は、12カ月にすると細かすぎてしまうということ。

そのような事情から、一時は中断してしまったのだが、転機が訪れた。それは2011年11月に開催された「星と石マスターカウンセラー認定講座」だ。当初は、「パワーストーンを扱っている人が、差別化として『春夏秋冬理論』を取り入れたデザインのブレスレット販売するための講座」かと思い、参加を悩んだという西山さん。

しかし、「『春夏秋冬理論』のベースになっている東洋占星学が学べる、12年のなかのそれぞれの流れ1年ごとに、來夢先生自ら選んだパワーストーンがある、ということで自分のブレスレットがつくれる、そして、いまの花の開発にもヒントになるかもしれない」という思いで参加を決めたという。

このとき、西山さんの季節は、冬3年目。選択の最終章であり、周りからの反対にあっ

てもやるのか?を問われる闘いの年だった。

『春夏秋冬理論』のベースは、東洋と西洋の占星学だということは知っていましたが、さらに詳しく理論を知ることで、滞《とどこお》っていた『春夏秋冬理論と花』の開発も大きく進むきっかけとなったのです」

そして、「思いついたことは、とにかく実行してみよう!」と始めたのが、「春夏秋冬理論」と12カ月の自然の季節（春、夏、秋、冬）に分けた花の分類表をつくることだった。

また、來夢氏の許可のもと、『月のリズム』（きずな出版）をテキストとしても導入し、講座を開催した。当時は、ネット書店が売り切れになっていたので、大型書店で取り寄せたという。

「『月のリズムの花』、『12星座の太陽の花』

『12星座の月の花』など、いろいろなバリエーションをつくりました。受講者の方にも生年月日によってデザインが違う作品を楽しめることが好評で、『SEASONS CAFE』でも、開催の報告をさせていただきました。また、『LLP総会の際にも、卓上で楽しめる草花のアレンジ方法を開発し、横田さんとの『春夏秋冬理論』『食』『花』のコラボレーションが実現したのです！」

その一方で、「星と石マスターカウンセラー」としては、講座を開催して新たなカウンセラーの認定をしています。また、主人の仕事仲間の方、そのお友だちや知り合い、家族の友人や友人の家族……など、クチコミだけでたくさんの方にご活用いただき、それぞれのブレスレットをつくらせていただいています」

冬生まれの西山さんにとって、実は「夏は苦手な季節」だった。けれど、前のサイクルとは異なる切り替え方や意識を持って冬、春……と過ごしてきた今回は、「いままでとは違う『夏』や『秋』が来る予感がして、とても楽しみ」だと笑顔で語る。

「春夏秋冬理論」を軸に、「花」、「石」へと広がっていく西山さんの今後の活動からますます目が離せない。

公益財団法人認定の「星と石カウンセラー認定講座」――星活学協会

「春夏秋冬理論」は、どんなことにでも活用できるツールであると言われても、なかなか実感できない人も多いかもしれない。だが、それを具現化した成功例がある。「春夏秋冬理論」の産《う》みの親であり、本書の著者でもある來夢氏が主宰する「星活学協会」が運営する「星と石カウンセラー認定講座」だ。

「星と石」の「星」とは「春夏秋冬理論」のことであり、「石」は「パワーストーン」のこと。

「これまでパワーストーンというと、アップさせたい運気や占いによって、一方的に石を選んでもらって……というスタイルが多かったと思います。けれど、『春夏秋冬理論』と組み合わせることで、『生まれた季節』や『いまのサイクル』に合わせて、自分で石を選ぶことができるというのが、『星と石カウンセラー認定講座』の特徴と言えるのではないでしょうか」

「星（春夏秋冬理論）」を用いることで、「石」に対する専門的な知識がなくても、自分自身で「石」を選ぶことがで決まる。しかも、「星と石カウンセラー認定講座」は、「公益財団法人日本生涯学習協議会」の監修・認定講座でもある。

本来、「星」と言われると、スピリチュアルな側面だけがクローズアップされてきた。

春夏秋冬の石

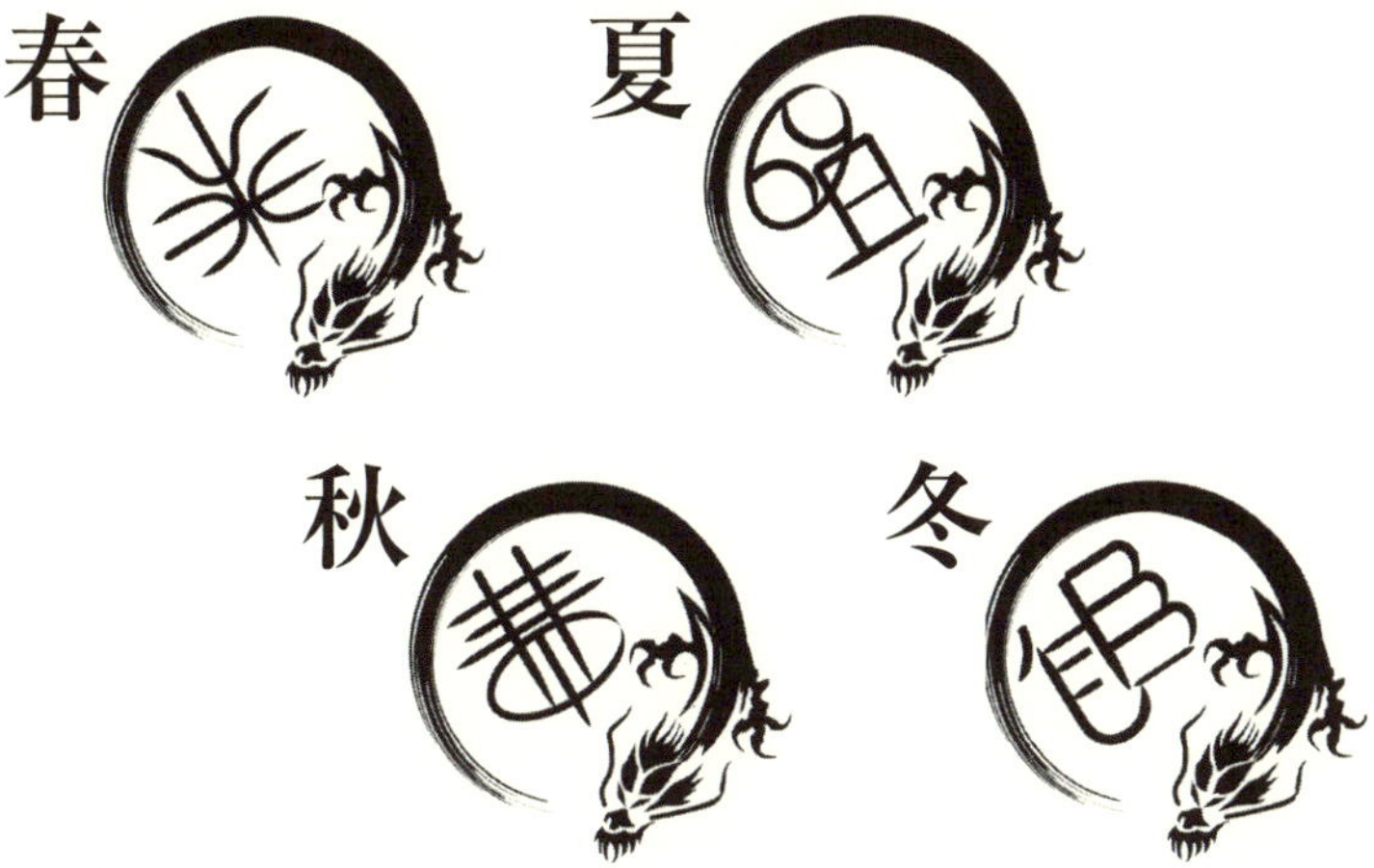

何か資格があるわけではないし、その扱いが難しいというのが現実で、「星と石カウンセラー認定講座」のように、内閣府所管の公益財団法人の認定を受けられるのは、非常に珍しいケースだ。

それは「春夏秋冬理論」と主宰する來夢氏への信頼があってこそ実現したことに他ならない。

また、「星と石カウンセラー認定講座」の開講にあたって、來夢氏は「春夏秋冬の石」というものをオリジナルでつくったという。

「古代日本で使用していた『神代文字』というものがあります。『神代文字』には、いろいろ種類があるのだけれど、そのなかで『出雲文字』と言われるもので、「ふゆ」「はる」

「なつ」「あき」の文字をモチーフにして、そこに『龍』を組み合わせてデザインしました。それを水晶に手掘りしたものが「春夏秋冬の石」で、これは他では手に入れることができないものです」

さらに、「春夏秋冬の石」のほかにも、一般にパワーストーンと呼ばれるもののなかから、「生まれの季節」を各季節3種類ずつ計12種類、「いまの季節の石」を12種類、さらに「運気の石を10種類、チャージの石を3種類選んで、「星と石」の石のラインナップが揃った。

現在では、認定を受けたカウンセラーが、さらに次のカウンセラーを誕生させることで、春夏秋冬サイクルと同じようにらせん状に展開していっている。「春夏秋冬理論」はそれ単体ではもちろん、ほかのツールやアイテムと結びつけることで、新たな可能性を生み出していく。「星と石」の事例は、そのことを如実に物語っているのではないだろうか。

マツダミヒロ

夏生まれ。質問家。「魔法の質問」主宰。一般財団法人しつもん財団代表理事。「質問は、人生を変える」をキャッチフレーズに、上質な人生を生きるきっかけづくりを行なっている。

玉川一郎

冬生まれ。株式会社たまいちコーポレーション代表取締役。マインドマップ、フォトリーディング、フューチャーマッピング等の講座を開催している。ライフロジック・パートナー。

西山恭枝

冬生まれ。ライフロジック・パートナー。冬期にライフロジックパートナーと星と石マスターカウンセラーを取得し、講座開催やブレスレット販売。本業はガーデニングの講師育成。

西山雄一

夏生まれ。有限会社フィールドワーク代表取締役。（一財）日本不動産コミュニティー理事。「人の成長に貢献する」事業を展開。そのなかでも「春夏秋冬理論」関連講座にもっとも力を注いでいる。

星活学協会

來夢が主宰。目には見えない「星」を日常に活かすための勉強会を開催。「星と石カウンセラー認定講座」は、「春夏秋冬理論」の占星学的なロジックを学べる唯一の場となっている。

山口浩則

夏生まれ。株式会社スリーピース代表取締役。主にITインフラソリューションにおいて、プロジェクトを支えるプロジェクト・ナビゲーターとして活動中。

來夢が語る「春夏秋冬理論」Q&A

――「春夏秋冬理論」は、なぜ「春」ではなく「冬」から始まるのですか？

來夢　それは、この理論が「秋」の収穫を軸にしているから。植物の成長を考えてみてほしいのだけれど、スタートはあくまで冬でしょう？　春になっていきなり芽が出るわけじゃなくて、冬のあいだに畑の土壌をきちんと耕して、一方で種はエネルギーを蓄えておくことで、春に芽が出て、夏には大きく成長して、秋に実がなる。だから、冬あっての春だし、春あっての夏だし、それを経ての秋と言える。さらに言えば、秋の収穫があってこそ、次の冬があるわけ。

――では、冬から何かを始めなければいけないのでしょうか？

來夢　始めなければいけないというよりも、まずは秋にどんな収穫があったのか、自分を見直すことが重要なの。だから、自分は何を始めたらいいのかわからないときには、ただやみくもに走り出すのではなく、秋の収穫をよく噛みしめて、ではどう生きていくべきかをじっくり考えるのも、冬にやっておくべき大切なこと。

――冬は寒くて、あまりよくない季節だからじっとしていたほうがいいのかな、とも思っていたのですが……。

來夢　だからといって、寒いからと縮こまって何もしないで春を迎え、そのまま夏、秋と来てしまったら、秋の収穫は得られない。春夏秋冬のらせん状のサイクルのなかで、同じところをぐるぐる回っているだけで、ちっとも階段を昇っていないことになる。でも、そのことに気づいたのもひとつの収穫なのだから、自分の内面に問いかけるのも、冬のポイント。逆に、秋にしっかり収穫があったなと感じる人は、冬の1年目に起業したり、転職したり、恋愛関係から結婚を決意して新生活をスタートする人もいる。

冬は確かに、いろいろな芽を急いで伸ばそうとか、成果を出そうという時期ではないけれど、試行錯誤したり、方向性を見極めるための活動が大切なのだから、冬はじっとしていなければならないどころではなくて、精神的にも肉体的にもしっかり活動していかなくては。

冬は「冬眠」のイメージが強いし、結果を出すのはまだ先になることが多いから、どうしてもマイナスイメージがつきまとうけれど、エネルギーをどんどん蓄えるという意味ではすごく重要。

たとえばプロ野球をイメージしてみて。冬にはキャンプをするけれど、いきなり何万人ものお客さんの前でプレーするわけじゃないでしょう？　この時期には基礎的なトレーニングに始まって、打撃フォームをチェックしたり肩をつくったりして、ペナントレースに向けてだんだんと自分を高めていくわけじゃない？　それがあるから、秋までの長いシーズンで結果を出すことができるし、もしも冬のキャンプで手を抜けば、故障やケガに泣かされたり、シーズンまるまる棒に振ったりもする。

春に始まって、夏を乗り越えて、秋には結果が出て、そして次の冬に向かうプロ野球は、「春夏秋冬理論」のイメージそのもの。チームの成績も、個人の成績もつまりは収穫だし、それによって年俸も変われば、ＦＡやトレードで新しいステージに移っていく人もいる。冬に体づくりを怠った人は、いきなり春にスタートしようとしてもうまくいかないし、いちばんエネルギーの高い夏に故障したり自滅してしまう。

そういうサイクルが、自分たち一人ひとりの人生にもあるの。だから、いま自分がどこにいるのか、ということがわかるのとわからないのでは、過ごし方も天と地ほど変わってくる。それが「春夏秋冬理論」のポイントなの。

——すると、春だから必ずいい季節になる、というわけでは……。

來夢　種も蒔《ま》いていなかったら、絶対に芽は出ないよ。なのに、春はあたたかいからといって緩んでしまう人もいるわけだし。でも、もし自分が種蒔きしていないことに気づいたのであれば、そこから蒔けばいいだけのこと。植物だって、種蒔きは春だけってわけではなくて、いろいろな季節に蒔く種があって、春夏秋冬それぞれの季節に旬の収穫があるのだから、春ではもう遅いとか、夏では手遅れだなんてことはない。これは声を大にして言いたい。

もちろん、春だから何もしなくてもいいことがある、というわけではない。恋愛で言えば、確かに春は外に向かっていく時期だから、出会いのチャンスが増える。この「春夏秋冬理論」に限らず、すべてが情報だから、ちゃんとそうしたタイミングや時期を伝えているのだけど、情報を受け取る側が自分の人生を歩んでいないと、それに気がつかないし、波に乗れない。

たとえば占いは天気予報のようなもので星を視て、ビッグウェーブがいつ来るかという情報を伝えているの。でも、サーフィンを覚えていなければ、あるいはサーフボードを選んでおかなければ、ましてやちゃんと自分で海岸まで行ってなくては、波に乗ることはできない。あくまでも自分の人生、自分のリズムなのだから、依存するのではなく活用してほしい。

――季節が変わるとき、何か大きな変化が起こるのでしょうか？

來夢　まず、季節が変わったことを知ったのなら、気持ちを切り替えることは重要。「春夏秋冬理論」は自分で自分の未来を予測するツールであるから、「春夏秋冬理論」がその切り替えポイントを教えていることは確かなの。

女性の恋愛を例にあげれば、冬にどれだけ自分をシェイプアップできるか。そして女っぷりを磨いて春になったら、外に出ていろいろな男性と交流を図る。で、異性とかかわるからこそ見えてくることもある。実はその服は似合わないとか、お化粧の仕方がよくないとか。外から情報を得ないと、自分ではイケてると思っても、井の中の蛙《かわず》になってしまう。そういう自分への探求を経たうえで夏になると、自分自身を相手にしっかりと伝える形で恋ができる。で、秋になればそれでお互いがうまくいくかどうかがわかるから、自分と合わない男性とは切れていくし、順調ならば冬には結婚して新たな出発というカップルも多い。ただし、冬の結婚は確かに事例としては多いんだけど、「冬に結婚しなくてはダメ」ということではないからね。

――自分はいま春3年目ですが、破壊すべきものが何もありません。どうしたらいいのでしょうか？

來夢　確かに春3年目は、12年の大きなサイクルで見れば「破壊」の時期だけれど、無理やり破壊しろということではない。ただ、自分では可もなく不可もなく生きていて、破壊すべきものは何もないと感じているのだったら、春3年目というのは、その可も不可もない人生が本当にそれでいいのか、っていうことを考えるタイミングでもあるわけ。破壊といっても、転職とか離婚とか、そういう大きな行動だけを指すわけではなくて、自分のなかで冬から始まった6年間を振り返り、次の夏に向かって心を入れ替えることだって、充分に破壊だよね。

――では、他の季節に何かを壊してはいけないのですか？

來夢　実をいえば、春夏秋冬それぞれの季節の3年間には、

「1年目＝創造、2年目＝維持、3年目＝破壊」

というリズムがある。破壊という言葉がしっくりこないのであれば、

「1年目＝ホップ、2年目＝ステップ、3年目＝ジャンプ」

「1年目＝序、2年目＝破、3年目＝急」

とも表現できるかもしれない。

次の季節に入っていく切り替わりのポイントというのは、エネルギーの流れも変わるから、次のステージに向けてジャンプするチャンス。ジャンプだから当然負荷はかかるし、負荷がかからなかったら低空飛行になってしまうけれど、こういうリズムで私たちが人生のサイクルをらせん状に昇っているということを、ぜひ感じてほしい。


――それでは夏というのは、運勢がアップする季節なのでしょうか？


來夢「命を運ぶ」という意味での運勢はアップするかもしれないけれど、運というよりエネルギーがアップするよね。自分が舟だとしたら、浮かんでいる川の流れが激しくなることは確かだけれど、勢いがあるだけに、いいことばかりではなくて、舵取りが難しくなるし、油断すると岩にぶつかってしまうこともある。

ジェットコースターにたとえてもいいけれど、冬はスタートからトットコトットコ昇っていくところで、エネルギーを蓄えていくわけ。そして、最初の下り勾配は春。まだ緩やかだから、まわりの景色を眺める余裕なんかもあってね。で、大宙返りに突入するのが夏なわけ。そのスリルを満喫できる人もいるけれど、目をつぶって何も楽しめない人もいる。

あるいは富士山の麓《ふもと》で豪快に二回転三回転するジェットコースターを選ぶ人もいれば、浅草の花やしきで、こぢんまりと楽しむコースターにあえて乗る人もいる。つまり、それぞれの人によって選ぶドラマは違うわけ。しかも、次の12年後にどんなコースターを選ぶのか？　いつまでも同じ場所にしか行けないのか？　というテーマもあるわけでね。

いい？　ジェットコースターの最初の登り坂みたいに、冬のうちには、その先の世界がどうなっているかなど、まだ誰にも見えないのよ。でも、その登る行程で、自分とどう向き合うかによって、見える世界は違ってくるわけじゃない。クライマックスに行くスリルも楽しみ方も、夏が満喫できるかどうかは自分次第で全然違ってくる。「人生って、こんなに気持ちのいいことなんだな！」と気がつけるかどうか、それはあなた次第なのよ。

だから、あなたがもしそうしたいのだったら、夏は限界まで自分を拡大したほうがいい。だって、12年のうちで、そういうことができる最大のチャンスだから。

ただし、いちばん勢いがあるときは、ワナもあるからね。余力があるから脱線したまま突っ走ったり、調子に乗りすぎてケガをしたり、というのも実は夏なの。

――夏3年目には急ブレーキをかけなければならないのですか？

來夢　秋に向かう形の環境は準備しておかないと、収拾がつかなくなるよ。季節はもう涼しくなろうとしているのだから、イケイケドンドンというわけにはいかない。でも、急ブレーキをかけるというよりは、環境が変わりつつあることに注意を向けてほしい。入道雲とうろこ雲の違いに、ちゃんと自分で気がつくっていうか。

占いが好きな人は、どうしてもマニュアルがほしいというか、レールに乗っかりたいよね。だから、12年をこう過ごせばいい、こうすればいいと言ってもらいたいのだろうけど、「春夏秋冬理論」は、人生の流れを情報として教えるから、あくまで自分でそれを考えながら活用してほしい、というスタンスだから、占星学をベースにしていても、まったく新しい理論だと強調しているの。

たとえば、一本のナイフを渡すときに、「これは人が刺せるナイフです」とだけ決めつけて渡すのと、「これはリンゴの皮もむけるし、鉛筆も削れるし、美味しい料理に使うこともできるけど、人を傷つけてしまうこともできるから、考えて使うのよ」と言って渡すのとでは、同じナイフでもまるで違うものになってしまうでしょ？　これと同じことで、「この人とつき合うと不幸になる」とか「東に旅行すると幸運が待っている」と決めつけられて一喜一憂するのではなくて、あくまで情報やサイン、シグナルとして活用してほしい。

——自分のいまの季節を調べてみても、まるでピンとこないのですが？

來夢　それは、自分の人生のリズムがつかめていない証拠。自分の思いこみにとらわれている人もいるから、そういうときは、「春夏秋冬理論」をまずマニュアル的に身につけることは、けっこう大切かもしれない。子どもだって、個性を伸ばす前に、まず学校で集団生活の規律を身につけたり、勉強する習慣をつけなければ、単に野放図な人間になってしまうでしょう？　同様に、自分のリズムがわかっていないのだったら、春夏秋冬のリズムをしっかりと自分のものにして、流れをつかむことは人生にとってすごく重要だから、一度どっぷりはまってみるのもいいかもしれない。「春夏秋冬理論」は、「適切なタイミングで、適切なことをやる」ための、非常に有益なガイドであることは間違いないからね。

最初の本である『なぜ春はこない？』では、自分の年表をつくって、春夏秋冬のリズムを自分でつかむことを勧めていた。だから、自分の季節に納得がいかない人は、何分間か時間を割《さ》いて、自分の歩んできた人生を年表風に振り返ることで、春夏秋冬のリズムを落とし込んでみてほしい。たとえば、「次々に大変なことばかり起きて、自分では秋だと思っていた」時期が、実は「夏だからこそ耐えられて、自分を大きく成長させた」夏の時期だったなんてことはあるわけで、物事を一面的に決めつけて見ないで、もっと見方を広く深くして。

——秋には予期せぬことが起きるというのは、何か悲劇や悪いことが起こるのですか？

「悲劇」っていったいなんだろう？　極言してしまえば、人生に起こることは、すべて自分の蒔いた種の結果であって、成果と言える。そこのところを勘違いしている人が、あまりに多い。

確かに悪い出来事があるかもしれないけれど、悲劇が起きて悲しいとか、運が悪かったということではなくて、しっかりと味わったほうがいいときなの。しかも、秋の時期にそうした悪い兆候が起きたとしたら、それは人生の流れに乗れているってことなのだから、けっして不幸事ではない。そのことがわかるだけでも、すごく救われるじゃない？　見方を変えることはすごく大切だし、そこがこの本で伝えたいメッセージでもある。

悲劇も収穫だと考えることができるのは、あくまで「流れ」で見ているから。秋の季節に起きたそのことだけを見てしまうと、確かに悪いことかもしれないけれど、そこで人生が終わるわけではないし、次なる自分へとつながっていく。

よく、「あとから振り返れば、あの不幸な出来事が自分を変える原動力になった」なんて話を聞いたことがあるでしょう？　この「春夏秋冬理論」で人生の流れを知っておけば、それを何年もあとから振り返るのではなくて、不幸事が起きた時点でその意味を確認することができるじゃない？

人間は往々にして、何か悪いことが起こると「運が悪い」とか「あいつのせいだ」とか、人のせいにしがちだけれど、そうするといつまで経っても自分にOKが出せないし、幸せの実感が湧かない。でも、自分の人生に起こったことを自分のせいだと受けとめて、人生の流れをつかんでおけば、悪いことを人のせいにする必要もないし、日々起こることを自分でサインとして受けとめることができる。

あるいは「春夏秋冬理論」を農業にたとえることもできるよね。

あくまで、この時期にはこういう天候になるよ、とか、気温の変化を伝えるのが「春夏秋冬理論」で、そのベースの上でどうするのか、ということを問うているのね。あなたは冬の時期、どういうふうに土を耕したり種を蒔いたりするのか。春の時期、どんな肥料を与えるのか。それによって作物の育ち方も、花の咲き方も、実のなり方も違ってくるし、ましてや秋は収穫だといっても、そもそも実を採らなくてはどうにもならない。

かといって、気候についてなんの情報も持たないまま、ただやみくもに種を蒔いては、それこそ徒労に終わってしまう。だからこそ、人生のリズムである「春夏秋冬理論」を、基本の情報としてしっかり受けとめてほしいと、何度も強調しているの。

こういうガイドがあれば、あさっての方向にスポットライトを当てていたのを、ステージの真んなかに修正することができる。秋の実のなり具合を見て、冬からの過ごし方を考え直すこともできるし、「あのとき草刈りをさぼっちゃったな」とか「今年の夏は冷夏だったから仕方ないか」というふうに、自分にOKを出すこともできる。

自分の畑に合わせて、自分なりに丹精して、自分にふさわしい作物をつくればいい。隣がお米をつくっていたって自分はマンゴーを育てればいいし、ときには間引きをしなければいけないことだってあるだろうけれど、どちらがいい悪いではないから。

——自分の生まれた季節と、いま生きている季節の区別がよくわからないのですが？

來夢　生まれた季節が春だからといって、春の季節がずーっと続くわけじゃない。ベースとなる性質・気質があって、そこからいろいろな季節を巡っていく。人生のスパイラル（らせん）はつながっているのだから。

「すべての人の人生は冬1年目から始まる」と勘違いしている方もいるけれど、そうではない。自分がこの世に生まれてくるということは、前世から続いているスパイラル（らせん）の上で、その人にとっていちばん必要な季節から今世が始まり、それがベースとなって、そこから魂を修行していくということ。

だから、人によって生まれる季節が違うのも、誰しも季節が巡っていくのは当然のことだし、死によってすべてが終わるわけでなく、今世の行いによりまた来世へつながっていく。つまり、春夏秋冬のサイクルって、実はもっともっと大きなもの。

「春夏秋冬理論」は占いではない、という最大に理由がここ。

「春夏秋冬理論」は、ただ単に当たっている、当たっていないで一喜一憂するようなものではなく、この世にたったひとりしか存在しないあなたが、誰にも頼らずに、あなた自身で自分の人生のリズムをつかむためのもの。

だから、あなたの道をありのままに、あなたらしく生きていく情報として活用できる、まったく新しいツールと言える。

あとがき

過去の自分を検証し、現在に生きて、未来へと活かす自身のライフロジック

「一緒に本を出そう、『春夏秋冬理論』の会社を創ろう」

あれは2002年の夏、神田昌典氏から突然言われた。しかも、出版社も決まっていると言う。

彼の人生を応援している私としては、聞いた瞬間、正直「ぎょっ」とした。

ビジネス書のカリスマと言われ、MBAを取得している彼が、アストロロジャーである私と組んで何の得になるのだろうか?と、当然、容易《たやす》く承諾できるわけもなく、憂慮だけが脳裏をよぎったのである。

しかし、彼はいたって真摯に、「『春夏秋冬理論』を伝えたい」と熱く語る。その真剣なまなざしに「活かせば、徳となる」と、私は強く心に刻んだ。

あれから12年の歳月が過ぎ、ご縁はらせんに展開している。

「春夏秋冬理論」を自分自身のライフロジックとして活用する人は着実に増えていて、それは私の日常でもあって、だけど、私のカラダは1つであるから、直接会って伝えられない人たちにも本の力でもって伝わっていて、あのときの彼の勇気と好奇心に感謝している。


誕生日から導き出す星を「知らないより知っておいたほうがいい先人の知恵であり、情報のひとつ、それ以上でも以下でもない」と、私は言い続けている。

これだけ情報があふれているいま、知っておいて損がないのでは、という解釈で持って、起業や経営、採用、人事、恋愛、結婚、離婚、夫婦生活、子育てから進学、受験、いじめ、訴訟問題、遺産相続、土地の売買と、ありとあらゆる相談に対応するよろずや的な毎日を送って20年が過ぎた。それは私自身の戦略ではなく、私自身の私事としてそう捉えているからに他ならない。

神秘的な領域である「占い」を、現実的な「星の情報」として日常に役立つツールとして扱っているから、見えない気を解くという意味でアストロロジャー&スピリチュアリストと名乗っているのであって、私の日々のアドバイスとは当てているのではなく、あたりまえの話をしているだけなのだ。

では、なぜ営業もしていないのにいつもいつだって見えない行列ができているのだろうか、その答えは、「星は使える」、その実践者は私自身として、完全紹介制のクチコミだけでやって来る縁ある人の話を日々真剣に解いて説く、あたりまえのことをしているからである。

「そんなあたりまえのこと」は、頭ではわかっていても日々の暮らしのなかで活かすのは意外と難しい。他人に言えたとしても、自分自身のこととなると見えなくなってしまうのである。あなたのあたりまえを、あたりまえの日常に活かす、そのツールこそ「春夏秋冬理論」なのである。

では「当たる・当たらない」といったご神託めいた霊感や占いへのニーズがなくならない理由は何だろう?　それは生きていれば、迷うからである。

どんなに強い人であっても人間である以上、人生で一度も迷わないなんてことはない。人それぞれに十人十色、さまざまな局面で悩みは生じる。かかわっている人の気持ちも知りたくなるのである。

「本人に直接訊けばすむ話」だと、あなたは即答するかもしれない。だけど、人間関係は複雑多岐で、そうスムーズにことは運ばない。

たとえば、巷《ちまた》の占い館では「彼の気持ちがわからない、私のことをどう思っているのでしょうか」といった悩みであふれている。タロットカードの人気が衰えないのは、その答えが瞬時に出るからである。遠隔リーディングといった電話での霊感相談も然りであって、そこで、当たった当たらないと一喜一憂な現象が起きている。それを否定するつもりはないけれど、ひとつ間違えたなら依存しかねない。とくに、生物として女性は現実的であるから、即行に答えが出る占いに容易さを求めがち。しかし、男性は根拠のないものを疑ってみる。どちらにしても、「春夏秋冬理論」は、自分の過去を検証してみることで、陥りやすいパターンを自身で気づき、本人が答えを見つける。

「自分で探して自身を知る」ためのツールとして、「春夏秋冬理論」は役に立つ。

自分で主導権を持って、自身の人生への役立つ道具として活用できる。

自分の生きてきた過去の歴史から、明日の自分への学びとして活かせたら、そんなに強い見方はないから、「春夏秋冬理論」はライフロジックとして自身の味方となる。

いま目の前に起きている難問に対して、占いにより解決できたとしても、それはその場しのぎの特効薬としては使えるわけだが、自身の人生の栄養として身にならない。

人間は厳しさがあってこそ人間として成長する。

ぶたれたことのない人にその痛みなど理解できないように、経験を積まないことにはわからない。しかし、人間とはそんなに強い生き物ではないから、これだけ選択肢にあふれている世のなかで、心の病《やまい》は増えている。

自分自身への生きる羅針盤があったなら、誰かに言われるご宣託ではなく、自分のこれまで歩んできた人生を、自身の季節に乗せた軸の元で検証できる。

何が幸せで何が不幸せなのか、その価値基準は自分が判断することであって他人の域では図れない。

目の前に起きる現象のすべては、よいとか悪いとかではなく、自分自身への次なる合図。すべてに意味があるのだと果敢に臨むことで、それは幸不幸ではなくて、自分が成長するための、季節ごとにくる課題なのだと認識できたなら、自身の人生に揺るぎない自信が抱ける。

その流れは、自分の言葉や行動によって起きている。

人生を宝探しとしたならば、自分の経験こそ宝であって、人生の圧倒的な証《あかし》。

幸せになれるとかなれないといった他力本願でなく、「幸せ」と感じられるかどうか。

成功も幸せも自分自身で実感するもの。

他者から称賛されても、あなた自身が思えなければ意味はない。また、いまはよくても、それに慣れてしまえば幸せは遠ざかる。

この世にたった一人しか存在しないあなたの歩む人生に、「春夏秋冬理論」は活用できる。消したい過去の嫌な出来事は、現在のあなたへとつながっている愉快な贈り物であることを知る。あなたの未来を想像以上に創造する気づきときっかけを促すツールとして活かし、あなたのこれまでの歴史の紐をあなたが解き明かして活かす。

あなたは春夏秋冬を経て、次なる春夏秋冬へと進化していく。季節は繰り返し訪れているようでいて、あなたの生きて行く道は上昇している。そう、らせん階段のように。

來夢

本書は二〇〇四年に小社より刊行された『春夏秋冬占い』を再編集し、新たに刊行するものです。

來夢

アストロロジャー＆スピリチュアリスト
経営アストロロジー協会会長、星活学協会会長、早稲田運命学研究会顧問

マイナスエネルギ—をいかにプラスに変えるかという実用的な視点から占星学を活用し、OLからビジネスマン、経営の成功者まで幅広い層に絶大な支持を得る。著書に『運活力』(実業之日本社)、『誕生日大事典』(三笠書房)、『月のリズム』(きずな出版)ほか多数。また、「來夢的開運レター」や「春夏秋冬メルマガ」、「春夏秋冬暦占い・携帯公式サイト」などで人生のヒントを配信中。
ホームページ　http://www.seasons-net.jp/

神田昌典

経営コンサルタント・作家
日本最大級の読書会『リード・フォー・アクション』発起人

上智大学外国語学部卒。ニューヨーク大学経済学修士、ペンシルバニア大学ウォートンスクール経営学修士。

大学3年次に外交官試験合格、4年次より外務省経済部に勤務。戦略コンサルティング会社、米国家電メーカーの日本代表として活躍後、1998年、経営コンサルタントとして独立。コンサルティング業界を革新した顧客獲得実践会（のちに「ダントツ企業実践会」、現在は休会）を創設。同会は、のべ2万人におよぶ経営者・起業家を指導する最大規模の経営者組織に発展、急成長企業の経営者、ベストセラー作家などを多数輩出した。

1998年に作家デビュー。分かりやすい切り口、語りかける文体で、従来のビジネス書の読者層を拡大し、実用書ブームを切り開いたため、出版界では「ビフォー神田昌典」「アフター神田昌典」と言われることも。

『GQ JAPAN』（2007年11月号）では、“日本のトップマーケター”に選出。

2012年、アマゾン年間ビジネス書売上ランキング第1位。

2014年5月、米国ウォートン校が主催する「ウォートングローバルフォーラム東京」における特別講座にて、唯一の日本人講師を務める。

11月、自ら開発した知識創造メソッドであるフューチャーマッピングを、米国研修企業の招聘によりセミナー開催。スタンディングオベーションがつづく大絶賛を受ける。

ビジネス分野のみならず、教育界でも精力的な活動を行っている。現在、株式会社ALMACREATIONSの代表取締役、公益財団法人・日本生涯教育協議会の理事を務める。

らせんの法則《ほうそく》で人生《じんせい》を成功《せいこう》に導《みちび》く
春夏秋冬理論《しゅんかしゅうとうりろん》

2015年5月9日　初版第一刷発行
2022年4月21日　初版第二刷発行

著　者　來夢《らいむ》
監修者　神田昌典《かんだまさのり》
発行者　岩野裕一
発行所　株式会社実業之日本社
〒107-0062 東京都港区南青山5-4-30
emergence aoyama complex 2F
【編集部】TEL.03-6809-0452
【販売部】TEL.03-6809-0495
実業之日本社のホームページ　https://www.j-n.co.jp/

印刷　大日本印刷株式会社
製本　大日本印刷株式会社

ISBN978-4-408-11143-8　(学芸)